1

Primera edición: julio 2014

©Paola Dueville, 2014

©Estribo ediciones

Oficina editorial-Edición Educación

www.estriboediciones.blogspot.com

ISBN: 978-956-9509-00-1
Registro Propiedad Intelectual
Inscripción N°103429.

Edición
Pamela Salinas

Foto y diseño portada
Paola Dueville

.

Esta es mi carta al mundo

Emily Dickinson

MALL

Abrázame y verás,

que el mundo es de los dos.

1

Antes pensaba que podía modificar las cosas. Por eso me vine a la capital. En el sur la vida no ofrece nada. La verdad es que ahora no estoy muy segura que la vida ofrezca algo en alguna parte.

Por parlantes avisan que Miguel me espera en informaciones. Atiendo en la sección 25. Le encargo mi cliente a Bascuñán. Las escaleras mecánicas me dejan en el primer nivel.

Esa fue la última vez que lo vi de pie y con los ojos abiertos. Ahora está tendido, con los ojos cerrados. No lo veía desde que me fue a visitar al *mall*. Estaba flaco, pálido. Traía un pañuelo atado a la cabeza. Sonriendo sus ojos brillaban al contar lo de sus viajes en ambulancia, la velocidad que pueden alcanzar.

Detalló las crisis y cuantas veces lo han hospitalizado. Eso le contó a mis colegas antes de dejar el *mall*. Afuera helaba. Nos fumamos un cigarrillo y evité conversar. Lo aspiré con rapidez y cuando me puse de pie sacudiendo la falda, le comenté lo rígidos que en el local se han puesto con el tema de los horarios; que lo más prudente sería vernos en el departamento y tanto mejor que -antes de venir- me enviara un mensaje de texto.

Quedamos en que apenas deje el hospital lo acompañaría a dar una vuelta a la manzana. Pero la llamada se adelantó. Una señorita de voz plana, monótona me lo dijo sin apuro y con seguridad. Acostumbrada a sujetar el celular con su hombro mientras se lima las uñas.

Lo llevaron a la UCI en la madrugada. Yo también nací de madrugada y, según Tía Oriana, bajo la tormenta más fuerte que azotó Puerto Montt: puentes, caminos cortados. Por eso me cuesta ir temprano a la cama.

Tía Oriana falleció antes del amanecer. Las cosas importantes, casi siempre, suceden durante la noche: oyes el *ringtone*, tomas el celular, contestas media dormida y un poco despierta. Te sientas en la cama y apoyada en el respaldo decantas la noticia que te ha dejado inmóvil. Después, enciendes la lámpara del velador que se refleja en tu pantalla mientras compruebas que la llamada se canceló.

Las malas noticias, casi siempre, coinciden con el amanecer. No solo lo digo por Tía Oriana o por Miguel, que acaba de ingresar a la UCI, sino que por mí.

De niña, el silencio me desvelaba y a pies pelados recorría la casa oscura para terminar sentada en un peldaño, apoyada en la baranda de la escalera.

En el Hospital del Salvador me topé con su mamá. La señora Carmen nunca me tuvo buena. Se me acercó en el pasillo de la sala común. La dejé hablar y me dijo lo que quiso. Detalló lo fulminante de su cáncer agresivo. Me culpó con rabia, por eso apenas le presté atención. Sugerí no confiar en los médicos ya que para todo son tan relativos y se contradicen a cada rato con el pretexto de que los organismos funcionan de distinta manera porque nadie es igual a nadie. Que es mejor esperar su evolución. Algo tan incierto como apuntarle a un caballo en las carreras del Club Hípico o a un número del Loto.

Debe ser por eso que el profesor de historia, un mes antes de finalizar el cuarto medio, nos obligó a cerrar nuestros cuadernos para que le prestáramos atención cuando él se refirió a unos dados que de fábrica vienen cargados.

2

Los sábados entran por hordas. Repletan el local.
Los vendedores no damos abasto. El aire
acondicionado tampoco. Apenas timbro, don Germán
me da las condolencias. Él mismo firma el permiso y
se encarga de avisar a mis colegas. Hace tres semanas
que Miguel está hospitalizado. Hace tres semanas que
entró en coma. Las condolencias no es lo que me
incomoda; lo que me incomoda es que las adelante.

Don Germán presiona. Dice que ofrezca. Habla
de la iniciativa de la gente creativa. De que hay que
ser emprendedora, de las metas que tengo que

sobrepasar. Es un asunto de empeño, de empuje, porque la gente compra cualquier cosa rebajada.

-Helena, ofrezca lo que sea. No olvide que estoy pensando seriamente en reducir el personal y a la hora de reducciones, lo único que cuenta son las ventas.

Don Germán es un tipo liviano, insiste en las metas: que hay que ponerle el hombro. La buena disposición es lo que más recalca en las charlas que da.

Los sábados la clientela pasea, mira, se prueba. A lo más consume hamburguesas en promoción.

-Helena. Haga memoria. Recuerde las tácticas sugestivas que le he enseñado en la capacitación.

Aconseje el crédito, divida en cómodas cuotas. ¿Me entendió o quiere que se lo repita?

No me gusta obligar a las personas. Debe ser porque no me gusta que me obliguen. Cuando me obligan las cosas no funcionan. Al contrario, se deterioran. Por eso detestaba ir al liceo de Puerto Montt: obligaban a saludar de pie al profesor y a cantar el himno nacional mientras se izaba la bandera. O ser compañera de banco de un tal Núñez y aguantar hasta el recreo para ir al baño.

De todas formas trato de embaucar. Quiéralo o no siempre termino haciendo lo que don Germán recomienda. Trato poner de mi parte, ser positiva. Pero el tiempo ha traído dificultades. La mala racha vino de un viaje y no me he podido recuperar. Digamos que he hecho serios esfuerzos; por ejemplo asisto a reuniones aunque las deteste, es que se habla mucho, se comenta demasiado; se resuelve casi nada, se toman suficientes tazas de café. Reparten fotocopias y apagan la luz para proyectar gráficos en la pared, del tipo estímulo empresarial con curvas que suben, que bajan, que cambian del rojo al verde al amarillo.

Las técnicas sugestivas no bastan. La pelota mágica no es milagrosa. No son más que papeles arrugados, presionados unos contra otros. Más parecida a un huevo disparejo que a una pelota. Idéntica a las que amuñaba en el liceo con hojas de un cuaderno Colón cuadriculado, para pegarle a Núñez por la espalda mientras borraba el pizarrón.

Don Germán nos sienta en círculo y de improviso lanza la pelota de papel para sorprendernos. Quiere que demos nuestro aporte a la empresa, porque la empresa es de todos y porque todos somos la empresa.

El último gráfico proyectado da pie para que don Germán repita con exactitud la misma frase con la que inició la charla. Después del bloque de debate pide sugerencias. Díaz toma la palabra. Siempre es el primero en hablar. Estoy segura que se prepara de antemano, trae un punteo y habla de corrido del manejo administrativo. Acomoda su cuerpo buscando mis ojos, mi aprobación. Habla por él, pero toma la palabra por nosotros. Bascuñán asiente moviendo su cabeza y el resto aprueba con sonrisas nerviosas.

No me gusta que hablen por mí y mucho menos por todos nosotros. No entiendo a qué se refieren cuando hablan por "todos nosotros". Desconfío de las mayorías. Sé que muchos desastres han sido gracias a ellas. Se ha sabido de varios casos de vendedores que por ser disidentes han sido despedidos. Por eso cuando don Germán pregunta, yo asiento. Pese a que, generalmente, me duermo en la mitad de las explicaciones. Eso lo adquirí en el liceo y no hay caso, todavía no me lo puedo quitar, menos ahora que la imagen de Miguel consumiéndose en el hospital, me da vueltas en la ducha, en el metro, con Sandra y Bascuñán en el horario de colación. En el patio de comida siempre comentan: los fines de semana la gente anda puro paseando con tarjetas reventadas. Intento visualizar el momento cuando lo diagnosticaron, mientras don Germán comenta la importancia de las tarjetas de crédito, de los intereses; que el mundo no se construyó en un día, que un grano de arena más otro suman dos y que otro grano más otro forman la playa. Eso es suficiente. Eso me da pie para pensar que lo del cáncer fue por una sumatoria de recuerdos no digeridos, de pérdidas no procesadas.

Don Germán, continúa insistiendo en las pequeñas ventas mientras me lanza la pelota mágica.

Antes de llegar a mis manos, intercepta un vaso plástico. El agua avanza con rapidez sobre la mesa, y en silencio somos testigos de su disolución. Díaz de inmediato arranca hojas del espiral y fabrica una nueva mientras regresamos al local.

En terreno es diferente. Una señora cargando bolsas pregunta con cara de ansiedad y le respondo antes que ella se dirija al probador.

-*Sí, señora. Todo lo que está en exhibidores, está con descuentos.*

-*Mi nombre es Helena. Soy la vendedora 770, de la sección 53. Si necesita algo, búsqueme.*

No soy buena para discursear. Menos para conversar largo y tendido. Pero el trabajo me ha enseñado. Hay otras mañas que el trabajo también me ha enseñado y que no estoy muy orgullosa de ellas. De todas formas, me cuesta conversar. Por mucho tiempo creí que las personas entendían mis pensamientos. Miguel intuía, por los gestos en mi cara. Nunca necesité explicar o justificar algo. Mal no nos llevábamos. Es que a veces cansa estar con la misma persona tantos años. Eso es todo. Sí, creo que es todo. Como ir al cine a ver rotativos.

3

Ingresé la tarjeta. La máquina imprimió. Después vino la bolsa y el recibo. En el *mall* las caras no varían. Con el tiempo he afinado el ojo y me he puesto buena fisonomista. Sé quién anda de compras, quién pasea. Don Germán dice que hay que ser una vendedora integral. Que es la profesión más antigua y con más expectativas en el mercado, porque basta tener buen ojo a la hora de escoger a la clientela; porque es la misma que se repite día tras día. Supongo que eso es lo que don Germán llama memoria selectiva.

A la salida de la misa de doce, las caras tampoco variaban en la iglesia de Angelmó. Tía Oriana me colocaba un vestido de marinera, guantes y una boina de lana. Desde abajo miraba a sus amigas: se veían altas y gordas mientras conversaba con el párroco y las vecinas.

Sin mirarme, pellizcaban mis mejillas y me daban monedas para comprar un cono de helado bañado en chocolate.

Pese a que Tía Oriana no me soltaba de su mano, la puerta de la iglesia de Angelmó era el único lugar en que estaba descuidada. Podía pegarle patadas al nieto de la señora Rosa y escarbar mi nariz, con el índice, tranquilamente hasta que la yema se ponía roja. Siempre me gustó el sabor de la sangre, echar mi cabeza hacia atrás y sentirla bajando por mi garganta. Me detenían los golpecitos en mi mano de Tía Oriana para introducir un pedazo de papel confort enrollado que sirviera de tapón y así poder regresar mi cabeza a su lugar.

La mayoría de las veces Tía Oriana andaba con el ceño apretado, molesta por algo. Excepto cuando recolectábamos moras. Las dulces y sabrosas no se ven a simple vista. Las que sirven para la mermelada se encuentran en el centro, ocultas por el matorral.

En el tercer nivel -en la sección 68 de accesorios- un tipo de polera blanca y con un Mickey estampado, se parte la cabeza con la punta de un ski que a simple vista no se distingue.

Veo la sangre y me acerco enseguida. Los colegas llaman a los guardias, los guardias alertan por sus radios. Sandra presiona la herida con una toalla blanca que se tiñe de inmediato. Después, se lo llevan en una camilla.

Ir al *mall* es una adicción, afirma un sicólogo en un programa del cable mientras reviso fotos antiguas. Las encontré en la bodega, cruzando la puerta donde apilo cachurreos. Una ampolleta del pasillo de la bodega está quemada. Luego de unos momentos logro distinguir cosas de Miguel que había olvidado: una silla con tres patas, un óleo sin marco, una lámpara con su pantalla trizada. Algunos tarros de leche oxidados que dejó el antiguo arrendatario.

Dentro de la caja con la que tropiezo está el certificado de defunción de Tía Oriana. Está plagada de fotos amarillentas; algunas enteras, otras cortadas a pulso. Hay fotos de personas que no conozco. De esas fotos que aparece un anciano sentado en un sillón, rodeado por señoras con sombreros de ala ancha y niños en sus faldas o a sus pies. Hay una foto color en que aparece Tía Oriana acariciando a Lazy, un perro que tuve de niña y que murió ahogado. Lo tiré al mar y, por más que lo alenté desde el muelle para que nadara, se hundió. Tía Oriana, sin oír mis razones, me castigó por un mes sin postre, sin televisión y me obligó a leer "La guerra y la paz".

Yo lo lancé al mar porque lo había visto en televisión: Lazy nadaba. Lazy entendía con palabras. Lazy ladraba dos veces para decir sí y una vez para decir: no.

4

"Su Tía Oriana falleció". El teniente Fernández encargado del retén de Puerto Montt lo dice de corrido, con voz golpeada, con tono de militar.

Cancelo la llamada y quito la pausa para continuar viendo la película *Sin lugar para los débiles,* que he visto tantas veces pero que después de recibir la noticia, me pareció estar viendo por primera vez.

Pese a la llamada, la vi hasta el final. Después, armo la mochila y me coloco la parka. Consigo asiento en el último bus de la noche. De esos lentos, que hacen escala, al menos una parada por región.

En Talca, hacemos transbordo porque la máquina quedó en *panne*. Durante la espera, reparten café en vaso plástico y barras de cereal con trozos de manzana. No estoy segura qué hora es, pero en este momento la hora ya no tiene importancia.

El bus da varias vueltas hasta el terminal. A esas alturas, restamos cinco pasajeros. El auxiliar recolecta frazadas y el género blanco que cubre la cabecera de los asientos. Puerto Montt está con neblina y es casi imposible distinguir entre el cielo y el mar. Incluso por un segundo me da la impresión de que lo pavimentaron.

En la iglesia, el párroco está de pie rezándole al cajón, tiene en su mano un rosario enrollado. La veló solo la noche completa.

Al verme cerca de la puerta de entrada, de espalda a los vitrales, a un costado de la caja de la colecta, intuye que soy su sobrina: por la mochila, la parka y mis ojos irritados.

Me saluda, inclinando su cabeza. Después, desenrolla el rosario y me lo regala. A continuación, apoya el pulgar en mi frente y apenas rozándome la piel dibuja una cruz.

Nunca había visto a un muerto en vivo y en directo. Solo los conocía por la televisión. No sé si todos los muertos son iguales, pero Tía Oriana se veía distinta, sin expresión. Como si su rostro fuese una máscara de plástico. La miré fijo intentando retener su imagen pensando que nunca la iba dejar de extrañar.

A Tía Oriana, la enterramos en el cementerio de la calle Balmaceda. Ese con vista al mar. A ella le gustaba mirar la línea del horizonte donde se pierde la vista y ya no se ve más.

Soy su única pariente viva, así que decido no desarmar la casa, venderla a puerta cerrada. Dono varias bolsas de ropa a la iglesia y la vendo sin revisar ni un cajón, excepto el mueble que se pudrió porque estuvo a la intemperie, donde encuentro la radio roja con forma de maleta.

Guardo la imagen de la mampara, el pasillo largo con el espejo al fondo. El ventanal, ese que por las mañanas inundaba el corredor de luz. El sillón verde, de patas anchas, la mesa del comedor, el reloj de pared dando campanadas.

Después de firmar las escrituras y antes de entregar las llaves, de cerrar por última vez esa mampara que recibió mi infancia y mi adolescencia, cuelgo el rosario en la cabecera de su catre.

Crecí frente al mar.

En Santiago, a veces, echo de menos el graznido de las gaviotas, las olas reventando, la brisa marina humedeciéndome el cabello. En cambio, a Tía Oriana, la extrañaré todo el tiempo.

5

Deberían multar por exceso de velocidad. Todo corre y termina con mucha más rapidez de lo que quisiera. Con eso me refiero, especialmente, a las relaciones: terminarlas choquea.

Con Miguel aprendí a no desechar. Con eso quiero decir que él me enseñó. Antes de conocerlo, desechar no era un problema; por eso ahora, no me deshago de las personas que me importan.

Don Germán hace lo que yo hacía antes de estar con Miguel. Recalca que los vendedores somos iguales a los envases desechables, que basta mover un dedo para despedirnos. Como si los humanos no fuésemos únicos e irremplazables, sino que productos manufacturados en serie.

Bascuñán vive asustado y por eso le sigue el amén. Desde que recuerdo he vivido entre dedos y amenazas. Fue demasiado tiempo y eso me hizo mal porque me acostumbré a vivir atemorizada y ya se sabe que acostumbrarse es algo que a cualquiera le puede pasar.

Soy la 770. Punto. Nada de que antes fue mejor ni que mañana las cosas van a mejorar. Bien o mal, las cosas están donde están. Inamovibles. Siguen en el mismo lugar y a mí poco me importaba estando con Miguel. No es que las cosas estén exactamente en el mismo lugar, más bien dan vueltas como perros intentando morderse la cola.

6

Gerónimo me revisa y timbro la tarjeta de salida.
Afuera está chispeando. En el *mall* siempre es
primavera verano. El clima y las luces no declinan,
tampoco las corrientes de aire. Es día de semana. Las
promotoras me perfumaron el cuello con fragancias
porque estaban aburridas junto a las que ofrecen
tarjetas de crédito. Hoy, me abrieron una.

El *mall* queda lejos del departamento. Tomo un
transbordo en el Transantiago y el metro. En total,
demoro hora y media principalmente por los tacos.
Digo lo de la hora y media porque las ventas me han
enseñado a redondear.

En la 212 siempre me toca viajar de pie. Pero, al menos, es la única que se va directo y me deja cerca del Hospital del Salvador. Bajo corriendo justo cuando se detiene en el paradero. Una señora me empuja tratando de descender rápido, con dos bolsas en sus manos.

En la entrada del hospital dejo el carné de identidad. Subo al tercer piso por las escaleras de incendio, donde me topo con una mujer del voluntariado del pabellón que siempre visito. Dice:

-Al paciente lo acaban de trasladar y para que sepa, ya no estamos en horario de visita.

La señora de delantal blanco continúa bajando la escalera. La secretaria del tercer piso, sin levantar la vista me confirma lo mismo. De todas formas recorro la maternidad y en oncología una enfermera me indica la puerta. Lo diviso de lejos. Ríe con el de la cama de al frente: un paciente completamente calvo, que apenas sostiene el control remoto para apuntar el televisor.

A través del vidrio hago señas. Miguel voltea. Le sonrío. Adentro sobran risas, lo contrario a lo que sucede en el local. Pese al suero, a las paredes descascaradas, al olor a desinfectante, a la humedad, Miguel no deja de sonreír. Extiende su brazo tratando de saludar. El resto de los pacientes se voltean y me miran a la vez. Mantengo la sonrisa dibujada, pese a que la vista se nubla y los enfermos se convierten en manchas difusas.

Miguel me envió un papel. Lo recibo de manos de la enfermera, quien al entregármelo me enseña su reloj. No me voy a quebrar. Mucho menos delante de los enfermos. No voy a soltar la falsa sonrisa porque algunos problemas, aunque no sean asunto mío, descansan en mí.

Me mantengo firme mientras recorro el pasillo de color verde, el de oncología, acostumbrada ya al olor a desinfectante.

En la salida reconocí a su mamá. La señora Carmen duerme en las escaleras. El sector a la redonda a tramos está iluminado. Di varias vueltas a la manzana y continué dándolas, no por Miguel, sino que por mí. Es que cuando prometo algo, no puedo dejar de cumplir.

En el Transantiago leo el papel que recibí de manos de la enfermera. Dice: *en las paredes escriben frases, palabras de despedida.*

Arrugo el papel pensando en Miguel. En cómo se verán las cosas del otro lado o si realmente existe ese otro lado. Y si ese otro lado se parece o tiene algo que ver con este.

7

Le tengo miedo a la muerte. Miguel hablaba con frecuencia sobre eso. Era medio morboso tocando ese tema. Eso fue antes que le declararan el cáncer al pulmón. Después casi ni hablaba.

De niña pregunté sobre la muerte. Tía Oriana respondió que era parecido a dormir. A los 18 años tenía la certeza que me iría a otro lado. Por desgracia, hoy he perdido la esperanza de que exista otro lugar.

Después de la primera crisis, la muerte para Miguel ya no fue lo mismo. Lo noté en sus ojos, en la expresión de su mirada.

Basta que las cosas sucedan una vez para cambiar de forma radical. También depende de qué tan fuerte sea el impacto. Lo digo por eso de las cercanías, porque cuando tengo las cosas encima, la cabeza se me llena de preguntas, de recuerdos, de personas y sueño que la solución me llegará a las manos. Como la pelota mágica de papel, que don Germán lanza, durante las reuniones para despertarnos.

Me asustan las cosas de cerca. Por ejemplo, la televisión pasando noticiarios. De niña descendía las escaleras lentamente y en puntas de pie mientras Tía Oriana dormía. Conocía exactamente el lugar de las tablas sueltas. El alumbrado se filtraba por el espacio de separación entre las maderas de la persiana. Veía la silueta del fuego en la cocina a leña, la mesa del teléfono, parte del respaldo del sillón. Oía la tos de fumadora de Tía Oriana y el crujir de los resortes de la cama cuando se daba vuelta. Sonidos de los neumáticos de los autos avanzando sobre el pavimento de la avenida. Pelea de gatos en el tejado. Garabatos que intercambiaban los que debajo del poste del alumbrado público se detenían a mear. En la escalera hablaba sola, como si me estuviesen entrevistando para el diario o la televisión. Todavía hablo sola. Especialmente debajo de la ducha, cuando tomo un baño con agua caliente antes de dormir.

A la hora de almuerzo, Tía Oriana se sentaba frente al televisor. Discutía con los animadores como si ellos pudiesen oírla. Rebatía desde la sopa al postre. Comía con el estómago apretado y la garganta seca. Balanceaba las piernas en la silla, mirando el techo. Primero, sumaba las líneas. La distancia de la separación entre las maderas del entablado, unas con otras. Después, miraba hacia abajo para seguir los dibujos del borde del plato y el diseño del mantel tratando de no escuchar ni la televisión ni a Tía Oriana porque a medida que el programa de conversación avanzaba en polémicas, subía el volumen de su voz para discutirles con vehemencia.

Creo que Miguel, desde siempre, le temió a la muerte. Era de esas personas que hablan durante la noche, que tienen pesadillas y despiertan sudados. Yo no. Yo duermo profundo. Solo recuerdo una pesadilla porque es la única que he tenido y porque sucedió dentro del mar durante una noche cubierta, sin luna ni estrellas. El mar se había comido la mayor parte de la playa. Ni quitasoles. Ni paletas. Ni vendedores. Tampoco niños levantando arena. Era cansador avanzar hundiéndose en la arena demasiado blanda. Caminé directo hacia las olas. Tropecé con un neumático. Una bolsa de plástico pasó rodando impulsada por el viento. A pesar del frío, ingresé al agua. Nadé sin problemas hasta que sentí asco; no fue por la sal ni por alterar el ritmo de mi respiración. Lo

que me sacó del sueño y despertó de golpe, fueron las

náuseas y el petróleo amargo que secó mi boca.

8

Compro ropa sin probármela. No tengo problemas de talla ni de color. Si no trabajara acá ni loca vendría a pasear. Es por el asunto del encierro, del aire acondicionado. Los fines de semana hay tanta gente como en el metro en horario de tarifa alta. La falda se siente estrecha, dan ganas de soltarse el botón. El probador está lleno de espejos de cuerpo entero que permiten observarme desde cuatro puntos de vista. Noto mi reflejo de perfil, también la espalda. Con la blusa color pastel estampada con líneas horizontales, se trasluce un poco el sostén de encaje; Miguel me regaló para la pascua.

Pese a que detesto el uniforme me gusta porque paso inadvertida. Podría usarlo incluso los días libres porque me estiliza. Aunque vestirme igual a las demás, me da la sensación de pertenecer al ejército. Continuamente voy al baño, me retoco el maquillaje y repaso el lápiz labial. Fumo, mirando el reloj. Bajo a la bodega o subo al patio de comida.

Los problemas del uniforme los acarreo desde el liceo. Más encima ahora me exigen usar tacos, simplemente porque la presencia vende y porque soy la cara de la empresa, según don Germán.

Dos tipas preguntan si soy la 770, correspondiente a la sección 53. Les recibo la prenda y ellas me siguen hasta el mostrador. Después de pasar el código por debajo del lector y quitar la alarma con el *sensormatic*, cobro. La boleta impresa sale mientras le quito la alarma. La entrego después de acomodarla dentro de la bolsa que sello con una cinta adhesiva.

Cuando recién comencé en esto de las ventas, me relacionaba con la clientela. Me interesaba saber de dónde venían, cuál era su actividad. Entablaba una conversación enfatizando mis puntos de vista. Hacía notar las diferencias. Estaba segura que la única forma de hacer clientela era diciéndoles la verdad. No tenía nada que ver con quién tiene o no la razón. A la larga eso da lo mismo, eso nunca me importó.

Creí ciegamente en esa idea hasta que vi un programa de televisión, donde afirmaron que el cliente siempre tiene la razón. Fue entonces, cuando dejé de polemizar y de exponer mis puntos de vista, porque entendí que la gente prefiere ser engañada.

No solo debo sonreír, sino que debo agregar que es una excelente elección. Que por el mismo precio por qué mejor no lleva dos y aprovecha la tarjeta de crédito, que es la que ofrece los intereses más bajos del mercado.

En vez de esa postura hoy me restrinjo a recibir la prenda y a quitar la alarma en el *sensormatic*. Acercar el lector del código de barras para después pasarlo por la máquina registradora. A veces es desagradable recibir una tarjeta de crédito reventada:

-Disculpe señora. Lo siento, pero su tarjeta no tiene cupo disponible.

-¿Y qué hago ahora?

-Mire, suba al tercer piso. En el tercer piso quizás la pueden ayudar.

La señora toma la escalera mecánica. Entonces, la veo desaparecer entre los espejos que separan el primer del segundo nivel. Estoy convencida que alguna vez mi mamá aparecerá. Por eso, miro con detención los nombres de las tarjetas. Las examino. Bascuñán también está enterado de lo de mamá. Si sospecha algo, me lo hará saber.

La alarma de la sección 53 comienza a sonar. El local dispone de un circuito cerrado. No es agradable que los guardias registren con sus cámaras cada paso que doy. Los vendedores mueven sus cabezas sin dirección fija mientras apoyo los codos sobre el mostrador del empaque. Un grupo de personas rodea a los guardias. Revisan a una mujer que fue sorprendida robando y que está con los brazos en alto, a la salida del probador.

9

Comenzó con las pesadillas. Estábamos tan mal que no le pregunté y los detalles de la relación poco interesaron. Quería que Miguel me dejara tranquila. Lo discutimos bastante rato sentados en el comedor. Después agarró sus cosas y se fue. No dije nada. Hay palabras que no son necesarias. Hay otras que lo cambian todo.

10

En las noches el paseo Ahumada se plaga de ambulantes: he visto payasos y Hare Krisnas saltando con inciensos encendidos. Ya casi no se ven actos por los derechos humanos. Solo predicadores que cantan con micrófono en mano, al lado de un tecladista con un órgano cojo, parecido al que Tía Oriana una vez compró. Según ella para que me convirtiera en una concertista de piano.

Me detengo en la puerta de un café con piernas donde las mujeres usan minifaldas y sostén negro. Hay varios en el centro. Tía Oriana tuvo varias veces la intención de venir a Santiago a conocerlos. Fue un alivio que jamás concretizara su viaje. No sé cómo le hubiese explicado lo de los café con piernas o los Hare Krisnas.

Las mujeres usando sostén negro más parecen tomando sol en la playa, que sirviendo café. Eso y el olor a incienso fue lo que más me impresionó de la capital. La noche transformando el paseo Ahumada. Los locales de comida rápida, con hamburguesas y olor a fritura donde cada persona acarrea su bandeja.

El *Polloshop* es barato y siempre encuentro asientos desocupados. El *fan shop* es lo único que me quita la sed. Una vez traté de dejar de tomar cerveza, pero no pude. Por eso ahora no me propongo nada. En esa oportunidad, estaba completamente convencida de no beber ni una gota más de alcohol. Miguel, intentó ayudar e incluso me regaló una pulsera de cobre con oro mexicano que Don Francisco promocionaba en la televisión. La usé alrededor de mi muñeca, solo para darle en el gusto. Pero no funcionó. Por eso no creo en casi nada de lo que promocionan en la televisión.

La señorita de visera presiona las teclas de la máquina registradora. Hace el pedido; Cobra, recibo el vuelto; Espero mi bandeja. Ella estruja un paño para limpiar el mostrador, mientras las papas fritas se fríen flotando en aceite bastante turbio -que suelta olor a quemado-, dejando registro en un extractor al que le suenan las aspas.

Instalo mi bandeja frente a un escolar que ni siquiera levanta la vista porque está concentrado chupando la pata de un pollo apanado. El cable de los audífonos conectados hasta sus oídos desciende hasta su *iPod*. El volumen está tan alto, que fácilmente se oye la canción *Corre* de *Jesse & Joy*, escapándose de sus audífonos.

De niña siempre jugué a adivinarlas. Especialmente en los inviernos del sur porque llovía semanas sin escampar. La mayoría de las veces las adivinaba al primer compás; eso me mantenía atenta a la radio durante toda la noche. Hacía las tareas de matemática cerca de la cocina a leña, sobre el mantel de plástico, oyendo un programa de música romántica en español. Mi canción favorita era *Menta y Limón* de *Roque Narvaja*. Aún tengo grabada la letra de *Vuelo Blanco* de *Ana Belén*. Presionaba la punta del lápiz mina contra la yema del dedo índice y después, apoyaba la cabeza en el cuaderno para oír de cerca el sonido del lápiz mina avanzando sobre el papel cuadriculado. Lo primero era sumar, multiplicar o dividir. Lo segundo, repasar las flores bordadas sobre el mantel y los dibujos de las servilletas.

La radio permanecía encendida hasta que Tía Oriana regresaba del trabajo. Era cuadrada, roja, con mango, con forma de maleta. Pasé varias semanas esperando que hombrecitos treparan a través de la rejilla del volumen. Hombrecitos igual a los de Tierra de Gigantes. Serie de la televisión donde una nave aterriza accidentalmente en un mundo donde los humanos son gigantes. La tierra era muy parecida a la de nosotros; los gigantes los perseguían por su tamaño, porque eran pequeños. Y ya se sabe que los distintos, los que no se parecen al resto siempre son mal tratados y eso los deja en desventaja.

A diferencia de los humanos que aparecían en la serie, yo no los hubiera vendido. Veía el episodio pensando en darles alojamiento en mi cama e incluso pensaba prepararles arroz con salmón y compota de pera de postre. Claro que en ese tiempo ni siquiera imaginaba que todo tiene su precio y que el dinero, en nombre de la sobrevivencia, justifica cualquier cosa.

Dejé de encender la radio el día que perdí las esperanzas. Cuando me harté de esperar hombrecitos saliendo de la radio roja con forma de maleta. Es que esperar, angustia. De eso Miguel está enterado. Por acuerdo nunca nos quedamos de juntar ni a la salida del *mall*. Ni en la entrada del cine. Íbamos juntos o por separado.

Los hombrecitos fueron, finalmente, los culpables de que me deshiciera de la radio. De que la sacara al patio para que se cubriera de tierra, de telas de araña; para que se oxidara. Cuando busqué las escrituras de la casa, me volví a encontrar con ella. La radio roja, vieja y destartalada. Eso fue justo después de la muerte de Tía Oriana. La encontré dentro de un cajón de un mueble podrido que se caía a pedazos.

Antes de llevarla hasta ese lugar, la había desarmado

pieza por pieza, tratando de encontrar hombrecitos.

Pero la radio por dentro estaba vacía. Excepto por

algunos cables de colores y tornillos dorados. Con el

destornillador en la mano, perseguí a Tía Oriana por

toda la casa para que me explicara, cómo unos cables

tan pequeños y sin vida sacan bellas melodías.

Creí que deshacerme de la casa con rapidez me

ayudaría olvidar a Tía Oriana. No fue así. Cuando

encontré la radio oxidada, la recordé de inmediato.

Tampoco pude olvidar la radio a pesar de que la dejé

ir en uno de sus cajones.

Ya era tarde para disculparme. Para aceptar de buena forma que Tía Oriana tenía algo de razón cada vez que se refería a las personas con desprecio o las comparaba con las radios por eso de que están vacías.

El escolar de la bandeja de enfrente, presiona el kétchup y unta las papas fritas. Apenas mastica. Traga rápido. Canta desafinado.

Un tipo cargando su bandeja se le acerca. Le toca el hombro. Él, levanta la vista y sin despegarle los ojos se desliza hacia el final del asiento estilo *fast food*. Atraca el cuerpo contra un espejo que va del suelo al techo.

Vuelvo a mi bandeja. Separo el cuero con el tenedor y lo dejo en el borde. No hay caso. Por más que lo intento no puedo adivinar la canción que se escapa de sus audífonos. Levanto la cabeza para preguntarle, al menos, por el nombre del intérprete. Pero ya no están. La chica de jumper y el chico de camisa celeste desaparecieron en fracción de segundo, sin que lo notara. Incluso, pensé, que pudieron haber sido una ilusión. Como la ilusión óptica que de lejos llena de agua la carretera.

11

La cámara muestra la rampa en primer plano. En plano general aparece el muelle. Los lanchones. La calle Balmaceda. Hace zoom en las piscicultoras abandonadas, sin salmones y con sus mallas rotas. Los desechos de harina de pescado se han convertido en espuma flotante que se impregna en la orilla.

La cámara encuadra al periodista que con micrófono en mano se refiere a las jaulas vacías. En otra toma, el lente lo enfoca de cuerpo entero. Pese a que el agua le llega hasta las rodillas, continúa hablando y se desplaza para que hagan un plano general.

Al presionar *mute*, las imágenes en colores pasan una tras otras, sin detenerse. El muelle de Angelmó. La televisión distorsiona tanto, que si el periodista no nombra Puerto Montt no lo hubiese reconocido.

El programa deja con la misma sensación de las degustaciones que ofrecen las promotoras en los supermercados.

12

Coma lo que coma sabe a pepinillo. El cajero acomoda su visera y habla frente al micrófono. Me volteo para coger un alto de servilletas. Me pregunta si deseo kétchup, mostaza y mayonesa. Tomo la bandeja y sigo a Bascuñán.

Los locales de comida están uno a continuación de otro: mesas, sillas. Al medio levantaron un escenario y una pantalla gigante. Le hago el quite a las mesas redondas hasta dar con una triangular. Sandra, las prefiere triangulares. Le gusta sentarse en el vértice para quedar frente al espejo.

Salir a colación con Sandra y Bascuñán es mucho mejor que salir sola. Me ponen al día en temas de farándula, romances y *reality shows*. Sandra es rápida y resumida. Se expresa con claridad, sobre todo contando películas. Cambia el tono de su voz, sube las cejas y achica sus ojos durante el relato. Eso depende del argumento. Sostiene una papa frita entre pulgar e índice, la unta con kétchup, la sumerge en mostaza, después continúa el recorrido hasta su boca donde la mastica. Conversa mirándose en el espejo de un pilar, que va del suelo al techo en el patio de comida. Una palabra tras otra, tras otra. Incoherencias sin freno sin siquiera modular. Se come las "d" hasta que el oxigeno se le termina. Suspira, le queda un poco de aire dentro cuando exhala, chupándose la punta de los dedos engrasados. Sus labios brillan y restos de kétchup tiñen su comisura.

Sube los hombros, vuelve a suspirar. Parpadea. Se rasca el cuello mirando hacia el techo. Se suelta el cabello. Cae sobre sus hombros. Enrolla su índice entre las fibras de color castaño y juega con él fijando sus ojos en el espejo. Bascuñán le pregunta si alguna vez pensó ser actriz.

-No, para nada. ¿ Por Qué ? ¿ crees que podría?. Se voltea para pedir aprobación y conversar temas personales: sobre sus encuentros con Díaz en bodega. Que su ex marido es un desgraciado porque no le da un peso, que la profesora jefe del hijo mayor la citó, que el médico le detectó presión alta, que va a tener que despedirse de la sal.

Lo que más me complica es seguir el hilo de la conversación. No es por desinterés, es por su rapidez; por el sonido de la pantalla gigante y el ruido de las bandejas, de las máquinas de bebidas. Por los chicos con visera, hablándole a los micrófonos.

Retomo la conversación, mientras relata uno de esos programas en que sientan a humoristas, modelos, actores y cantantes formando un semicírculo, un panel de opinólogos. Bascuñán hace un comentario aludiendo a las piernas de Carla. La nueva promotora de la sección 30 viene hacia la mesa. Le guiña un ojo a Bascuñán. Detrás de ella viene Díaz acarreando dos bandejas: la propia y la de ella. Carla, vuelve a saludar agitando la mano izquierda. El rostro de Sandra cambia inmediatamente de expresión demostrando su enojo por la nueva competidora que acaban de cambiar de la sección 30 a la 25 que dificultará, aún más, sus encuentros con Díaz en bodega.

13

A Miguel lo devolvieron al sector cinco. A la sala de los críticos. Tomamos asiento en el pasillo. El olor a desinfectante y a sangre es insoportable. Todo eso le recuerda a su padre, que murió baleado contra una pared hedionda a orina. Estábamos en toque de queda. Su padre decidió ir al almacén, a tres casas de su casa. Bastaba cruzar la avenida para conseguir un poco de alimento. Miguel escuchó los disparos y después lo vio desplomarse sobre el pavimento. Las patrullas de los militares lo alumbraron gritando a viva voz de quién era ese cuerpo que desangrándose se agitaba.

La señora Carmen encendió la luz del dormitorio. El militar que derribó la puerta, el que traía la cara pintada se la llevó. Miguel era hijo único y siempre me comentó sobre los cambios que desde ese momento debió enfrentar: hacerse cargo de la casa, de su madre, dejar el liceo. Trabajar.

Miguel quedó huérfano. A él, su padre también lo abandonó. Ya se sabe que un disparo no es lo mismo que armar una maleta y partir. Pero en la práctica es casi lo mismo.

Antes de regresar a su habitación hizo un comentario sobre las vueltas de la vida, que lo más sano era esperar tranquilamente porque las vueltas se repetían.

Desde un principio, Miguel pidió que tuviese paciencia. De verdad que por él lo he intentado. Sabe que no soporto esperar. Pero el problema no ha sido ni la ansiedad ni la espera. Hay un detalle que Miguel olvidó mencionar: las vueltas cerradas.

14

No me gustan los edificios de departamentos demasiado altos. Pero arrendé con rapidez y cuando uno hace las cosas con rapidez no mide nada. El espacio está bien. El cielo y las paredes recién pintados. De noche la entrada es oscura y si no voy con cuidado puede que tropiece. Lo único que alumbra son los televisores encendidos llenando de azul las ventanas.

Hoy, hay montón de cajas de cartón apiladas contra la pared. En el 503 se están mudando. Pasando la reja de entrada está el camión con los destellantes encendidos y Paula que vigila la mudanza. Siempre recibe a los nuevos y les ayuda con las cajas. Está organizando una fiesta de bienvenida. Ella es la presidenta de la junta de vecinos. Un tiempo atrás organizó una especie de peña folclórica para solidarizar con las minorías donde colgó un lienzo en el que se leía: *Hoy es el turno de un vecino. Mañana, quizás, el tuyo.*

En recepción hay un letrero que dice: *No se admiten perros*. Tampoco niños informa la arrendataria antes de firmar el contrato.

Me gustan los perros porque no hablan y se dejan acariciar. Y te esperan en casa y hacen fiesta cuando regresas del trabajo y duermen en la cama calentándote los pies. En cambio los niños, hacen pataletas para que les compres algo, no dejan de pedir. Son como un saco roto. Es que nunca he sido muy optimista con el cuento de los niños. La idea de tener uno no me convenció. Es por un asunto de proyección. Soy incapaz de mirar hacia adelante con optimismo; debe ser porque el profesor de historia habló tantos años sobre el fin de los tiempos, que le creí.

15

El silencio me asusta. El silencio no es mi amigo.

Dicen que está ligado a lo más importante, a sueños.

A cosas de esas.

En colación, Retamal sugiere que deje de pensar,
que no me haga problemas porque pensar es
peligroso; porque a cualquiera se le puede
desparramar el pensamiento y quedar hablando
incoherencias. Incluso un pintor, de tanto hacerlo, se
cortó una oreja.

Todavía hablábamos de la oreja del pintor,
cuando Díaz se instaló cerca de Sandra, para rozar sus
rodillas y jugar con sus manos por debajo de la mesa.

Sandra se hizo la desentendida y mirándose al espejo preguntó por la salud de Miguel mientras Díaz husmeaba, descaradamente, en su escote. Sandra me prometió que uno de estos días me acompaña al hospital. Por mientras le manda bombones rellenos con trufa.

Retamal ofrece Ravotril y Amparax para dejar de pensar. Muestra una caja de 2 mg con comprimidos rosados que saca del bolsillo chico. Pastillas que compra en la feria, que vienen en dos colores según el gramaje. Son redondas, del tamaño de una menta. La Coca Cola ayuda a que descienda por la garganta con facilidad. Retamal se echa dos a la boca y me mira con cara de complicidad.

Díaz y Sandra dejan sus bandejas servidas y bajan a bodega. Retamal termina las papas fritas y un pedazo de pollo apanado. Por eso la panza, por eso el cinturón ya no le cruza, por eso la cajera que usa visera se ríe cuando le pide bebida *light*.

Sacamos la vuelta en el pasillo. Sabíamos que la bodega estaría ocupada con Díaz retozando sobre Sandra en un rincón de la bodega desaseada. Cinco minutos en la administración, más cinco minutos fumándose un cigarrillo, más cinco conversando con las promotoras de la financiera que nos tapizan con folletos.

Bascuñán también saca la vuelta con nosotros. Nos cuenta que le han dado un crédito automotriz. No para reparar el auto, sino que para cambiarlo por uno del año.

Después de golpear la puerta un rato largo, Sandra y Díaz desocupan la bodega un poco agitados. Gracias a que no tomé el Ravotril de Retamal mi concentración no se afectó. Con la pistola etiqueto con rapidez. El *container* recibido hoy, es uno de los más grandes que han enviado de China. Retamal me cuenta cómo consigue esos ansiolíticos sin la receta.

-Es mi señora. En la feria hay un tráfico de estos medicamentos. Los venden entre las lechugas, las paltas y los tomates.

Basta dejar la bodega, regresar a la superficie y oír música africana con tambores que retumban mezclado con sonidos guturales, cerca de voces de señoras que me persiguen con prendas en sus manos, preguntando por el precio, el descuento, la talla y el color. De nuevo, me siento mal. Con la cabeza llena, saturada de ideas. Me acerco a Sandra para ayudarla a vestir un maniquí, tan bien hecho, que ella fantasea que es su novio. Acomodo su chaqueta y el nudo de la corbata. Pregunto si ha visto a Díaz. A los dos segundos, Carla la promotora nueva, me consulta lo mismo. Bascuñán al verme dando vueltas, dice:

-Mira Helena, para perder el tiempo están los vagos. Los ascensoristas que suben y bajan, los que organizan marchas esperando que, algún día, sus demandas sean escuchadas. Tú, debes vender. No hay más. Si no, no hay fonda ni cueca ni cazuela.

Es por eso que me rodeo de personas que hablan estupideces. No me interesan las reflexiones inteligentes ni los temas densos. De todas formas, no los oigo. Con el pensamiento me pasa lo mismo que con el cigarrillo. Por más que lo intento, no hay caso: no puedo dejar de fumar. Por eso el silencio me asusta. La ausencia de palabras llena mi vacío de ideas horribles. Imagino calamidades a toda velocidad. Antes de entrar a la cama tomo dos Ravotril de los que me regaló Retamal. Empecé con media tableta, pero el cuerpo ha ido exigiendo. Pasé por largos periodos de insomnio, deambulando por el departamento, viendo desde el ventanal las luces del alumbrado público encendidas, los semáforos parpadeando en amarillo mientras algunos autos pasan de vez en cuando.

No dormir. No contar con sueños fue espantoso y no sé si lo volvería a resistir. Tampoco me queda tan claro que los años sirvan para algo, pues para muchos pasan en vano. Los años no, necesariamente, dan claridad. A los 15, era demasiado joven para entender por qué acompañaba al grupo de Sandoval a los "Siete espejos". A los 18, cuando me vine de Puerto Montt, el pasajero que viajó en el asiento de al lado, discurseó todo el camino y al final de cada frase siempre repetía lo mismo: *ya se va a dar cuenta, ya va a ver cómo los años a uno lo cambian.*

Cuando don Germán me contrató por el sueldo mínimo, insinuó lo mismo: que yo era joven y que mis opiniones no influirían en la política del local.

En ese sentido para Miguel siempre fui distinta. Valoraba mis opiniones. Me respetaba. Es el único que me ha apreciado tal cual soy, aunque tuviese o no la razón, aunque mis ideas no fuesen tan claras porque generalmente se me enredan. Con él, aprendí a guardarme lo que realmente opino del resto. No es necesario entablar relaciones cercanas. Con un "hola" y "chao", basta. Tampoco es necesario decir la última palabra o discutir, porque en boca cerrada no entran moscas, porque no hay nada más agradable que ser

dueña de mi silencio.

16

Estar ausente no es lo mismo que morir. Las ausencias físicas son un tipo de ausencia. De todas formas, morir sigue siendo la peor de todas.

En las otras ausencias, existe una remota posibilidad de que uno se vuelva a encontrar y que la persona responda el saludo desde el andén del frente. Ambas se parecen. Ambas dejan con mal gusto. Pero, por lo menos, la ausencia física es una ausencia abierta.

Miguel es la persona que más me conoce. No del todo, pero sí en gran parte. Rompió la barrera que diseñé con paredes de concreto. Las levanté para que casi nadie traspasara. Hoy permanecen sólidas aunque Sandra jura que me conoce de memoria.

De niña pensaba que alguien podría ingresar a mi película, a ese lugar que habito. Ni él, ni nadie, pudieron acompañarme siempre. El paso de la lluvia o el sol, deja evidencias en la fachada descascarando la pintura. Hay que pintar sobre los *graffitis* que el color cubre, pero no borra.

Miguel, a ratos, ingresó a mi película. Eso fue esporádico pero no perpetuo. Al separarnos, detesté amanecer sola. Acostumbrada ya a oír su respiración, a su manera de extender la cama, presionar la pasta de dientes desde el centro o dejar la toalla humedeciendo las sábanas. Y su copa, con un concho de vino tinto, sobre el velador al lado de un cenicero con colillas.

Nada. Ni darle tiempo al tiempo lo borró. Es por eso de las cercanías, porque cuando alguien entra en mi vida, se queda.

17

Maicillo, árboles, un manicero; un vendedor ambulante, otro pedalea. Un trotador con audífonos esquiva a una pareja tendida.

Llega al parque el familión. Se instalan debajo de un árbol: la abuela extiende un chal y se saca los zapatos. Un hombre descarga el bolso deportivo con franjas fosforescentes, sin soltar el balón que trae debajo del brazo.

El reconocimiento del campo de juego se hace con rapidez. Los futbolistas marcan la cancha con un zapato de la abuela y con un cartel que dice: *prohibido pisar el césped.* A gritos le piden a una pareja tendida que se retire y me invitan a jugar de arquera.

Primer tiempo: el balón rebota en empeine, en rodilla, en pecho, en árboles, en talón, en mis manos.

Sobre el chal, las mujeres pelan tomates y a la flaca Inés. Los niños se mojan en la pileta. Las ensaladas se bañan con aceite, limón y las espolvorean con sal.

Durante el descanso los jugadores jadean, sus barrigas se asoman; destapan un chuico de vino tinto y me invitan a comer sentada en una esquina del chal de la abuela. Cuento que soy vendedora en un *mall*. Que Miguel, mi pareja, está hospitalizado por un cáncer.

Se reanuda el segundo tiempo. Antes que termine, la abuela hace un gesto de pie para llamar a los jugadores. Ellos, le responden con un gesto parecido.

El balón rebota sobre una de las ensaladas y golpea a la abuela. El niño responsable, se esconde detrás de un árbol.

La mano de una mujer lo pesca de una oreja. El niño curva su cuerpo, aprieta los ojos arqueando sus cejas antes de ser golpeado.

18

Con el tiempo mamá apenas lo nombraba. Más tarde descubrí que el problema no era él, era yo. Seguramente, por eso golpeaba la mesa con rabia.

Una noche hizo lo mismo que papá: la oí sollozar. Colgar bruscamente el teléfono. Mantuvo las luces de su habitación encendidas para escarbar los cajones. Después, vino el timbre. La puerta. La voz de Tía Oriana, la de mamá, la de Tía Oriana. Un largo silencio. Cuatro pies bajando las escaleras. Mamá con su maleta. Un sollozo, el portazo.

La casa volvió al silencio, a la oscuridad. Descendí los escalones lentamente, presintiendo que abajo me esperaba un desastre. Su puerta entreabierta, la cama intacta; los cajones desordenados, a medio cerrar. Solo el sonido del despertador y los gemidos de Tía Oriana sentada en el borde de la tina del baño, con la cabeza baja, secándose la nariz.

La observé desde la puerta. Muda. Como si el último portazo de mamá me hubiese llevado el habla, dejándome sin palabras.

19

De vuelta del liceo la casa siempre estuvo vacía, porque Tía Oriana trabajaba. En ese momento fue cuando a mamá más la necesité. Apoyaba el dedo índice sobre el vidrio empañado tratando de dibujar. Pero el agua - deslizándose con rapidez - borraba su rostro, reemplazando la trama por líneas de distinto grosor. Gotas descendiendo en forma dispareja, igual a un río fuera de su cauce que nunca retomará su curso.

No recuerdo el largo que usaba sus uñas. Recuerdo su ceño apretado, sus ojos vidriosos y el rigor marcado en la mirada.

Con Tía Oriana, de partida, las cosas mejoraron. Me cambió a un liceo subvencionado y se preocupó de mi uniforme y de mis útiles escolares. No le pregunté dónde o cómo ubicar a mamá. A ella, se le salían palabras sueltas tratando de justificarla. Por ejemplo: mamá no era para pueblo, tenía demasiado carácter. Puerto Montt le quedaba chico y por eso viajó, por las oportunidades que ofrece la capital.

Al principio me telefoneaba. Al cabo de un año, no llamó más. En la parte de atrás del cuaderno de matemática escribí un diario: la vida de una puertomontina. Muchas veces presioné tanto el lápiz grafito que se me quebraba la punta. Como si la presión de mi puño pudiese hacerla regresar. Le escribí cartas pidiéndole que por favor no me olvidara.

Hay situaciones que transforman, pese a uno. Circunstancias que cierran las vías de regreso. Imposible volver atrás. Demasiadas cosas deben haber cambiado dentro de mamá. Ya nada volvería a ser como antes y no hubo forma de que lo fuera.

20

De la fila de cuatro barquillos masco uno. Cruje. Se desintegra sobre el chaleco y no dentro de mi boca. Inflo la bolsa y la reviento. Mezclo un pedazo de plástico con saliva. Apoyo los codos sobre el respaldo, estiro el cuello y trato de dormir.

Estoy de día libre por eso vengo al Parque Forestal. No importa el sol tenue que se asoma en invierno. Tampoco las sirenas de las ambulancias ensordecedoras que inundan la ciudad porque me acostumbré al ritmo de la capital.

En el escaño quiero dormir pero la posición es incómoda. Mi cabeza cuelga, el cuello tira. Cruzo los brazos a la altura de los pechos y con un pequeño impulso la traigo hacia adelante. En esa posición duermo un rato hasta que varias voces me despiertan. Una en castellano, las otras no estoy segura. En contra del viento, con las manos en los bolsillos, avanzo sin prisa sobre el maicillo del Forestal. El sol y el viento fresco temperan mi piel mientras los colores se mezclan al atardecer.

Dentro del *mall* no hay corrientes de aire ni brisa ni color. Las luces artificiales nunca declinan y, a veces, el aire viciado impide respirar.

El Forestal se ha tapizado de hojas amarillo degradé. A Miguel le gustaba pisar las secas, esas de color rojo. Decía que cada hoja sonaba de distinta manera. Dependía del tamaño, de cuánto tiempo se hubiese desprendido de su rama. Por eso camino lento y concentrada. A ver si ahora oigo el momento que el viento las desprende y observo esas milésimas, cuando las corrientes de aire las mantienen suspendidas, antes de aterrizar sobre el maicillo.

No soy buena para imaginar, para ver desde otro ángulo porque soy muy práctica y, para algunas cosas, demasiada terrenal. Cada vez que Miguel me preguntaba: ¿escuchas lo que dicen las hojas al ir cayendo?, le respondía: *Sí,* a pesar de no oír ni un mensaje. Prefería mentir a pasar por insensible.

21

-Helena, usted no va a llegar ni a la esquina.

El profesor del liceo de Puerto Montt aseguraba que las oportunidades estaban en la capital. En Santiago, me enteré que lo más importante es la imagen, andar bien vestida con los zapatos lustrados. Mejor ni hablar de la pinta. Estoy tan flaca que la piel trasluce mis huesos; me parezco a una de esas indigentes que la madre Teresa de Calcuta acogía entre sus brazos.

-Estás pintada para un comercial que promocione la hambruna en el Congo.

Sandra me lo dice en el patio de comida, durante el horario de colación. Equilibrando la bandeja en sus manos, sugiere que pida doble porción de papas fritas y una hamburguesa con extra queso, porque una subida de peso me vendría bastante bien. Comenta que están a punto de expulsar a su hijo del liceo y que ella lo prefiere así, porque aportará dinero para los gastos de la casa.

De su ex marido no recibe ni un céntimo. Ni siquiera sabe dónde está. Le ha puesto órdenes de detención por la pensión alimenticia y ya va en la tercera orden judicial. Díaz comenta sobre Carla, la nueva promotora platinada, de piernas largas y contorneadas. Con cintura de avispa, senos de silicona y labios con bótox. La que enviaron para promocionar productos de maquillaje orgánico. Que él podría ayudar a conseguir un puesto de ejecutiva de tarjetas de crédito y subirle el pelo a su trabajo como promotora. El único requisito era pasar por sus manos.

-Soy universitaria, afirma Sandra. Titulada con distinción máxima y con un magíster en administración. Sandra obtuvo buen puntaje en la PSU. Deja bien en claro lo inteligente que hay que ser para ir a la universidad. No cualquiera se la puede.

Yo rendí la PAA: la prueba de ingreso a la universidad del siglo pasado. Esperé dos meses para ver asteriscos en el periódico de la mañana. Las pitanzas que recibí, esa tarde mientras Juan La Rivera animaba Baila Domingo, no fueron precisamente por los asteriscos que abundaron en mi puntaje.

La universidad no era para mí, por la rigidez de los horarios. No necesariamente lo que es bueno para todos, lo sería también para mí. Nunca he tenido planes concretos, solo algunos proyectos a corto plazo. Por ejemplo, pensar qué voy a preparar para comer antes de dormir, mientras recorro los pasillos del supermercado. La cena sigue siendo mi plato principal. Ese es un legado de mi Tía Oriana: nada de que hay que comer como mendigo. Hay que cenar y punto. La disfruto porque me permite comer lento con una copa de vino tinto, viendo programas de farándula o del tipo *"no eres tú, soy yo"*.

No planifiqué a los 17 años, mucho menos a los 41. Ya se sabe que los planes son planes y que uno propone y quién sabe quién dispone.

Antes de que sonara el timbre, del cambio de hora en el liceo, el profesor Durán apuntaba sobre nuestras cabezas diciendo que no íbamos a llegar ni a la esquina. Él nunca me preguntó si era ahí donde quería llegar. Siempre me sentí bien donde estaba. Conformista, me llamaban algunos. Agradecida, le llamo yo.

Lo único que tenía claro, a los 17 años, era que quería ser dueña de mi vida. No ser de nadie. Quería ir y volver, nunca quedarme. Tampoco me interesaba llegar a un lugar específico o convertirme en una gran profesional. Si alguna vez llegaba a la esquina solo significaba que había llegado.

-En Santiago puedes rehacer tu vida. Regresar al punto cero. Empezar de nuevo. Allá nadie te conoce.

Eso afirmó el pasajero que se subió al bus en el terminal de Valdivia. Él, al igual que Sandra, trabajaba como vendedor y se las baraja para pagar el crédito universitario.

Aproveché de pensar, mientras el pasajero dormía a mi lado. Me planteé la posibilidad de volver al punto cero, la opción de partir de nuevo. Decidí cambiar de nombre. Rebautizarme. Dejaría de ser Ema, de la que se reían en el liceo por la cadencia al andar con suavidad, al mover las manos porque nadie puede ser tan delicada afirmaba el profesor de básquetbol.

-Vas a comenzar a vivir cuando te saques de encima la religión, la educación, la mentalidad de la sociedad que te tocó.

Eso fue lo último que me dijo el pasajero del asiento de al lado, mientras pensaba que nunca podría partir de cero porque no se puede pero, por lo menos, sería lo suficientemente fuerte para sobrevivir en mi isla. Eso me desveló mientras las ruedas de la máquina avanzaban sobre el pavimento, que -al ir moviéndose hacia el norte- perdía humedad a medida que se acercaba a un Santiago con *smog*, donde a lo lejos la torre Entel apenas se distinguía.

22

El mundo tiene una sola línea: la que dibujo del *mall* al departamento y del departamento al *mall*. Prefiero no cambiar de recorrido. Tampoco me propongo metas. No hay nada por qué correr o que me interese alcanzar. Creo que el resto corre en sentido contrario.

Antes de regresar a la sección 55, recorro algunos locales pequeños del segundo nivel. Fumo con los codos apoyados en la baranda, escondida en el espacio que queda cerca, inmediatamente de la salida de la bodega, donde hay una ventana abierta que ventila el pasillo, desde donde veo guardias, clientes paseando con bolsas que suben y bajan de las escaleras mecánicas, entremedio de una plazoleta central con relojes, dispuestos uno sobre otro, pero que no están sincronizados porque sus punteros no coinciden.

Sigo fumando con los codos apoyados en la baranda. Un guardia se acerca y me saluda justo en el momento que boto humo y piso la colilla. Él hace como que no me ve fumando y se aleja sin apuro. Díaz y Sandra vienen hacia mí. Toma una de las escaleras mecánicas para regresar a su sección. Sandra se instala a mi lado y cruza su brazo sobre mi espalda, rumorea chismes sobre la nueva promotora con silicona y bótox que acorta la basta para lucir sus piernas contorneadas. Desciende por la escalera mecánica para regresar al local mientras otros suben. Sandra se voltea hacia el espejo, delinea sus labios con *rouge* rojo y se arregla el cabello y la blusa durante el trayecto. La escalera me deja en el primer nivel, entonces concluyo que abajo y arriba significan, prácticamente, lo mismo.

Basta entrar al local para pisar el acelerador. Las perchas traban los sensores antihurto. En medio del pasillo cerros de chalecos, poleras, pantalones en liquidación.

A la salida, Gerónimo revisa la cartera de Sandra mientras timbro mi tarjeta de salida dispuesta a recorrer las calles de un Santiago dormido. Recorro el mismo trayecto casi sin luz, sobre el mismo pavimento, dibujando con los pies la misma línea que me devuelve al departamento.

23

Con Miguel nos juntábamos en el pasillo 31, del segundo piso, donde está *Digital Store*. Rozaba mi yema en la pantalla después de conectar los audífonos, para descargar la aplicación esquivando el cursor que titila sin descanso.

En la esquina del pasillo 3 y el 34 nos deteníamos, en Informaciones, para canjear puntos en la gelatería donde cobran según cuántos gramos pesa el helado. Con vasos, barquillos y cuchara, tomábamos las escaleras mecánicas que nos conducían hasta el patio de comida del tercer piso donde encontrábamos sillas y mesas desocupadas, frente a un escenario levantado delante de ventanales que permiten ver la cordillera entre dos antenas disfrazadas de palmeras.

No era mucho rato del que disponía porque el *break* estaba diseñado para tomar un café con una colación. Miguel, antes de marcharse, siempre afirmaba lo mismo: que con mi cabello corto, me parecía a la novia de un alumno de *mister Keating* de la película *La sociedad de los poetas muertos* que Miguel descargó para verla juntos, la noche que transmitieron un mundial de fútbol en cadena, un mes antes que le rebrotara el cáncer. Esa película, fue la última que vimos antes de que lo hospitalizaran. La vi por primera vez en 1990, sentada en una butaca del cine Huérfanos, cuando rentaba una habitación cerca de una iglesia en el barrio Brasil que, cada tarde, colocaba una grabación con el volumen tan alto que distorsionaba el sonido de las campanas. La dueña de la pensión era igual a *Doña Tremebunda* y, a pesar de que solicitó un sinfín de prohibiciones para rentar, igual pude ingresar un anafre para calentar agua y preparar té antes de dormir, mientras le rogaba a cualquier virgen o santo o quién fuera que por favor se apiadaran de mi y consiguiera pronto un trabajo.

Regresé al local con una prenda fallada y en la bodega me quedé, colocando sensores antihurto, en silencio. Recordé películas que no tienen tiempo que se me han quedado dentro. Todo lo contrario a la mercadería que etiqueto, que después liquidan como saldos y que para los clientes tienen una especie de imán.

Miguel exageraba al asegurar que con cabello corto me parecía a la novia de un alumno de *La sociedad de los poetas muertos;* Creo que lo dice por un poema que le regalé. Se lo escribí pero no lo inventé, lo copié para asegurarme que tuviera vuelo; era de una antología de poetas hispanoamericanos que compré en San Diego. Lo reescribí en *word.* Después lo seleccioné y pegué en un archivo nuevo de *photoshop* tamaño postal y lo imprimí. No lo escribí a mano porque la letra la perdí de niña, cuando me propuse tener fea caligrafía. Lo que he escrito lo tengo guardado en un archivo oculto y nunca se lo he mostrado a nadie ni siquiera a Miguel. Comencé a guardar mis escritos cuando la profesora del liceo de Puerto Montt anotó con lápiz rojo en la sangría de mi cuaderno de composición: *Helena, eso no sirve. Es cursi.*

Con el paso de los años comprendí que la profesora estaba en lo cierto. Ser sentimental está fuera del tiempo. Para la fiesta del local, del año pasado, trajeron una banda de música tropical. Las letras de las canciones se parecían a las mías. Cuando estábamos bailando cumbia, en el centro de la pista de baile Bascuñán comentó: *estás en tu salsa* justo cuando un doble de *Zalo Reyes* del programa: Mi nombre es, apareció en el escenario y comenzó a cantar: *"con una lágrima en la garganta"*.

Escribo poemas aunque nadie los lea. Escribiéndolos siento que existo. Las palabras son radiografías del alma. Eso suena cursi, pero es mi verdad.

Sé que cuando las personas enferman uno tiende a sobrevalorarlas, pero a Miguel lo admiraba de antes. Por tener buen gusto, ser preocupado, detallista y andar siempre de buen humor. Hay personas que, a pesar de todo, siempre andan de buen humor. Yo, en cambio, me enojo con facilidad. Viviendo con Miguel noté su protección. La que perdí de Tía Oriana, cuando me vine a Santiago. Porque él es de esas personas que uno necesita conocer para comprender más de qué se trata todo esto. Es por eso que le he sido fiel.

A Miguel nunca le importó que no tuviera profesión, que trabajara en un *mall* o que fuese delgada y que viniera del sur. Que no fuese un as con los poemas.

Él completó la idea de ingresar a la película que imaginaba, en medio de esa enorme pantalla con *sourround* rodeada de oscuridad. Fue difícil plantearme de que existiese alguien que se acercara tanto. Él vio en mí lo que nunca antes percibí.

En el Parque Forestal sigo ocupando el escaño de siempre, desde donde Miguel se levantaba para dirigirse hacia los árboles de la corrida de la izquierda para acercar su mano a la corteza e introducir sus dedos en las grietas que sueltan goma. Entonces, se volteaba para caminar chupándoselos y yo reía fumando mientras, a nuestras espaldas, los automovilistas a bocinazos se atochan intentando avanzar.

Para una santiaguina, el Parque Forestal casi no tiene significado. Para mí, en cambio, cada vez que camino oyendo el maicillo recuerdo al profesor de historia, que afirmaba que el simple hecho de que una provinciana estuviese sentada en un escaño del Forestal, viendo pasar los focos de los autos encendidos, era un acto heroico.

24

Si le das un corte al departamento es igual a las casas de muñecas que, a crédito, consigues en el pasillo 24: divisiones en el living, cocina, logia, una habitación con ventana.

La idea de arrendar en el centro de Santiago, al otro lado del río Mapocho, siempre me pareció atractiva. Vivir en los alrededores de Bellavista, cerca de bares, restoranes y teatros. Desde donde, cada noche, puedo divisar a la virgen del cerro San Cristóbal, pese a las remodelaciones que han reemplazado antiguas construcciones.

Vivo en un edificio refaccionado y sustentable. Para construir la nueva estructura respetaron la fachada. Una esquina del techo es vidriado y la cortina de lino filtra la luz del amanecer. En el departamento de abajo vive un orfebre que vende joyas diseñadas a pedido.

En el primer piso, arrienda un ilustrador que imparte clases para principiantes del cómic y se reúne con otros ilustradores para desarrollar proyectos digitales. En el subterráneo está el estacionamiento para bicicletas y una bodega de uso común. Cruzando la avenida del parque están las canchas para *baby* fútbol que arriendan por hora. Un poco más allá está la bomba de bencina y el *minimarket*.

Es muy raro que se oigan portazos o ruidos molestos, algunos vecinos discuten de vez en cuando.

Mariano toca el timbre para invitarme a la fiesta de inicio del año que organizó con Paula. No estoy muy segura, no sé si quiero asistir a fiestas de ningún tipo. Mis estados de ánimo fluctúan sin motivo; pero no tengo muchas alternativas, porque por la música será imposible conciliar el sueño.

El arrendatario del piso de arriba es escritor: es lo mismo que no viviera nadie, no se sienten sus pisadas, no se oyen conversaciones y muy rara vez recibe visitas. Mantiene las ventanas cerradas, con las cortinas abajo y durante la noche se oye música clásica y su insistente tos.

Paula, mi vecina de al lado, vive sola. Pertenece al movimiento de protección a los glaciares. Aloja militantes de regiones, también argentinos; con ellos participa en el movimiento internacional. Seminarios o encuentros y edita una revista mensual *online* y también imprime una versión en papel. Se encarga, personalmente, de dejarla en el casillero de la conserjería. He sostenido largas conversaciones sobre recaudación de fondos para inscribir voluntarios que quieren salvar glaciares.

Paula no es alta ni baja ni chica ni gorda. Ni rubia ni morena. Se corta el cabello a dos centímetros del casco y se viste con chaquetas de colores fluorescentes, usa lentes de moldura negra con vidrios sin aumento y zapatos con terraplén de goma. A veces, también, le colaboran actores de la televisión; le prestan su rostro para las campañas publicitarias. Cuando hacen desfiles, ella es la primera en desnudarse y dejar sus pechos al aire para que los lentes de las cámaras fotográficas la capturen. Ella asegura que sus desnudos pueden hacer conciencia para salvar glaciares. También organizó una marcha a favor de la pena de muerte en Nueva Delhi, por Nirbheekla, la universitaria que fue asesinada en un autobús cuando regresaba del cine con su novio.

De las marchas por la Patagonia le quedó un afiche que colgó en la entrada, al lado de *El mundo del silencio* de *Jacques Costeau*. Un tiempo también se asoció al *Greenpeace*. Se convirtió al vegetarianismo y solía andar con los bolsillos cargados de panfletos, también le apagaba el fuego al asador del quincho mientras los vecinos preparaban asados.

Leo sus revistas en el baño. Pienso: papel - suave - reciclado- lo usaré como papel higiénico.

La tetera pitea. El pan se quema sobre el tostador. Pienso: Leche vinagre- inútiles revistas - cuchillo que corte ¿Dónde está el puzzle? - Se escribe más de lo que necesito leer - Leo menos de lo que quiero - Esto no va a cambiar - No - ¿Y el basurero? - ¿Dónde lo dejé?- Al lado del televisor.

Miguel telefonea. Se oye mucho mejor, con ánimo, más recuperado. Sin ayuda de una enfermera recorre el pasillo. Habla casi sin pausa, con ansiedad sobre justicia divina, que no desaproveche las oportunidades mientras al otro lado de la línea, juego presionando el control remoto. Televisan el inicio de un partido de fútbol. El árbitro saluda a los capitanes, después saca una moneda del bolsillo y mira hacia ambos lados y, a pesar de notar que la cancha es dispareja, la lanza.

25

Papá explotaba de forma repentina. Sabía cómo, no el por qué ni el para qué. Pese a sus insultos y amenazas, mamá continuaba a su lado, susurraba mirando el suelo, con la cabeza gacha. Parecida a las mujeres del medio oriente, que se cubren el rostro con un velo, rodeadas de pirámides y camellos que muestra la televisión.

A diferencia de los camellos que acumulan agua en la espalda, mamá acumulaba rabia en los ojos y en las manos. En la forma de empuñarlas.

Me acostumbré a guardar mis sentimientos y eso hace mal. El cuerpo se tensa, los dientes se aprietan.

El cabello se cae y dentro del local suelo andar con el estómago revuelto.

Por eso digo cosas sin pensar, no me preocupa el efecto de mis palabras. Eso era lo que con Miguel nos hacía discutir. Hay formas y formas para decir las cosas pero aún no logro controlarme del todo. La sutileza no es mi estilo y, a veces, me dirijo a las personas con rabia. Esos arrebatos nunca nos permitieron arreglar el punto, el problema. Nos íbamos por las ramas, peleábamos por detalles que no venían al caso.

Soy desconocida, incluso para mí misma. Sé lo hiriente que puedo llegar a ser cuando algo me saca de quicio. Soy capaz de hacer lo que sea necesario para agradar en una relación cercana, que me dé confianza.

Nunca imaginé que esa forma de enfrentar las situaciones sería lo que a la larga me deterioraría, porque mi aparente tranquilidad fue síntoma de lo que vendría. Antes la rabia me transformaba; ahora, a veces, estallo al ver cómo la historia se repite una y otra vez sin poder modificar la trama.

26

De niña me escondía debajo de la cama para no oír sus palabras cargadas de resentimiento hacia mi papá porque se marchó. Mi tiempo récord escondida debajo de la cama fueron cuatro horas. En general, mamá no me encontraba; era yo la que me daba por vencida, la que salía por mis medios.

Esconderse debajo de la cama no es divertido, asusta. La oscuridad, al principio, da seguridad; después no, después la ausencia de luz no tiene ni una gracia. Me hartaba respirar almohadones de polvo acumulado y tener que cerrar los ojos cuando alguna araña solitaria se acercaba para trepar los dedos de mis manos.

El síntoma de preocupación de mamá era arrastrar los tacos al subir o bajar las escaleras, dando vueltas por el departamento fumando con un trago en la mano, arrastrando sus zapatos, se detenía a los pies de la cama. Entonces, se arrodillaba para extender su brazo y tantear. Mis pies quedaban fuera cuando encogía mi cuerpo al mínimo, hasta quedar del tamaño de una maleta que guardaba debajo de la cama. Mamá siempre supo dónde encontrarme. Por eso, después de verificar que estaba escondida donde siempre, se levantaba apoyándose en el larguero. Se limpiaba las rodillas y volteaba alejándose con un vaso en la mano.

Mamá siempre me buscó en el lugar correcto porque intuía. Papá no. Papá era impredecible, nunca se podía planificar nada con él. Por lo mismo no entro al mar. En un paseo que organizó el centro de padres del liceo, Mario entró a nadar. Mario y el mar adelantaron nuestro regreso, a Puerto Montt, antes de lo planificado.

En el bus de vuelta del paseo de curso, no volaba ni una mosca, rodeados de un silencio sepulcral hacia el salón de actos, los profesores prepararon una vigilia para padres y apoderados. Comenzaron una cadena de oración para mantener en pie la esperanza. Tía Oriana no asistió. Yo tampoco ingresé al salón de actos para unirme a la cadena de oración. Ni siquiera en casa recé, porque no soy buena para esas cosas. Algunas personas son afortunadas y sus ruegos recorren distancias que ni siquiera imaginan.

Cuando mamá se fue, recé noche tras noche. Creía que mis oraciones podían recorrer kilómetros, incluso cruzar la cordillera de los Andes.

Después que se fue con su maleta tras papá, dejé de hablar durante dos años. Y en silencio pedí. Creí que mis peticiones podrían regresarla. Fue así como me enteré que mis oraciones no recorren grandes distancias ni siquiera cruzan cordilleras, tampoco océanos. En el liceo, pasé semanas resolviendo test en la oficina de la sicopedagoga, la que nunca pudo sacarme ni una palabra después de comprender que la esperanza no es lo último. A veces, es lo primero que se pierde.

Pese a las velas encendidas y a las cadenas de oración por Mario, el mar, nunca lo devolvió. Y por decreto suspendieron los paseos de curso a la playa, para que no se repitiera una tragedia tan grande como que un hijo desaparezca en el mar.

No sé si fue azaroso que la corriente se lo llevara. Él, no entró al mar solo. Éramos varias las que nadábamos con Mario, pero fue él quien no pudo bracear más. Como si las flechas de los arcos de puntería dieran en el centro o torcieran la mano,

dando justo en el blanco.

27

Hay televisores, radios, microondas, lavadoras. La sección 76 es línea blanca y nadie se prueba. No tengo que ordenar ni etiquetar. Hay menos robos, menos cámaras vigilando cada paso que doy en el local.

De todas formas me molestan los cambios de sección. Especialmente los de última hora. Apenas alcanzo a memorizar los precios, acostumbrarme a las estanterías y a los colegas. Pero así es acá, si te gusta bien, si no, ya conoces la puerta de salida y no queda otra. Es mi trabajo, vivo de esto.

-¿Y eso qué quiere decir?

-¿Cómo Que Qué quiere que decir?

-Eso no quita que digas lo que quieras o lo que te molesta.

Sandra me lo dice en la cara, con seguridad después de levantar su vaso plástico mordiendo la bombilla. Se arregla la blusa, el cabello y se delinea los labios. Todo frente a un espejo que va del suelo al techo. Hace sonar el concho de la bebida buscando a Díaz más allá del reflejo y agrega:

-Mírame a mí. También me trasladaron. En todo caso, no sabes qué daría para que mi traslado hubiese sido a la sección 76.

Eso lo dice por Díaz, que trabaja de punto fijo en electrodomésticos y que ha recorrido y conoce de memoria a varias promotoras.

El horario de colación fue suficiente para que me hiciera la idea que de todas formas no me siento cómoda con nadie ni en ninguna parte. Sea cual sea el cambio de sección.

Desde la escalera mecánica diviso a Bascuñán. Subo los hombros y con el índice apunto el piso de arriba. Él también sube los hombros y hace un gesto parecido, frotándose la yema con el pulgar.

Apoyo el codo en el pasamano de PVC negro. La escalera mecánica me deja en línea blanca. Al menos, aumento mi comisión. Acá no existe el regateo ni las liquidaciones ni los problemas de talla o color.

Díaz es el jefe de sección. Él maneja las llaves de bodega que queda detrás del mesón de empaque. Me dice:

-Helena, las llaves se piden con anticipación. Así que, si las quieres, ya sabes que es con anticipación. Esta bodega es bien solicitada, ¿tú me entiendes, verdad?

Habla subiendo y bajando las cejas, como si algo en su frente le molestara. Después de abrir la puerta me deja pasar. Avanzamos hasta el fondo del pasillo, en medio de enormes estructuras de metal. Doblamos hacia la derecha hasta el final. A ras del suelo, en un rincón oscuro, a un costado de las lavadoras: un colchón y el suplemento *La bomba 4* del diario La Cuarta pegado, con corchetes, en el papel mural.

Díaz lo trajo de la sección Casa y Hogar. En el pasillo R, entendí que el movimiento de cejas no era precisamente porque le molestara algo en la frente. Era un simple y burdo gesto de complicidad. Después Díaz agregó:

-Por esto, hay que pedir las llaves de la bodega con anticipación. ¿Tú, ahora entiendes, verdad? Aquí, con las promotoras, practicamos el juego más antiguo para quitar tensiones.

Contra la pared de la sección R, cuelga un calendario con mujeres semi desnudas y un espejo, de esos trizados que dan de baja porque reflejan el cuerpo dividido.

-Las trato como señoritas aunque parezcan pasas.

Ese fue el amable comentario de la mañana. Me lo dijo cerrando la puerta de la bodega.

Díaz no es de fiar, por sus comentarios y por el ancho de su sonrisa. Porque los únicos temas de conversación son: el culo, las piernas, las siliconas de las promotoras que lleva a la bodega. A veces, relata sus hazañas sexuales, son tan increíbles que dudo de su virilidad.

Hay hombres que definitivamente no me gustan. Hay otros que me gustan al primer golpe de vista. Es directo. Por eso me dispongo de inmediato y cruzo

ríos que, a veces, no es necesario cruzar.

28

El suero gotea con regularidad. Alrededor de la zona de parches el brazo está con hematomas. Miguel inconsciente por los sedantes ha vuelto a empeorar por eso lo trasladaron a la UCI, donde llevan a los enfermos terminales. Está tan delgado que pienso que, quizás, no pasa la noche. Lo veo solo, en una sala con las camas ocupadas por enfermos que están en una condición parecida.

La dama de verde teje a su lado. A veces, levanta la vista para mirar la máquina que indica sus signos vitales.

La dama de verde teje cuadrados de diez centímetros con retazos de lana. Los junta en una bolsa plástica. Todas las voluntarias de verde tejen cuadrados de diez por diez, de distinto color para hacer frazadas. A veces, tejen con varias hebras, mezclando rojo, rosado o café.

Miguel continúa conectado a la máquina que supervisa sus signos vitales. Está pálido, con los labios partidos como si por dentro se estuviera secando. De haber conocido a Díaz, Miguel lo hubiera aconsejado. Porque es humanitario por naturaleza. Yo, no tanto. No soy tan generosa y pienso que ese tipo de humanos son escasos, que están en franca retirada. Pocas son las personas que realmente me importan.

Incluso, a veces, me gustaría que algunas personas nunca más se crucen por mi camino. Pensar así no está bien, insiste Miguel, pero santa nunca he sido ni pretendo serlo. Miguel y no más de tres amigas son las únicas que me importan. No necesito un trago para reconocerlo porque la lengua, sin alcohol, igual se me suelta y digo lo que se me viene de una tirada.

La voluntaria de delantal verde conversa alejando sus ojos, pendientes del punto elástico de su tejido. Los palillos entran en la lana y van del derecho al revés una y otra vez. Comenta que han organizado una cadena de oración con el cura que va de cama en cama, dibujando una cruz en el aire, dando la unción de los enfermos.

Hablar sin decir nada coherente es la mejor técnica para relajarse. Qué sé yo. Tonteras. Ideas pasajeras que convencen al resto, que estoy involucrada. Me acostumbré a escuchar a las personas sin seguirles el hilo ni entender lo que dicen.

Miguel asegura que no es bueno andar por ahí diciendo lo que se me antoja, algo así como transformarme en "sanguichito de palta". Para no preocuparlo intento controlar las palabras, pero no puedo porque a veces salen solas. Y eso no es bueno para hacer amigos, pero me ayuda en el trabajo, porque ser fácil de palabra es un don a la hora de vender.

29

No sé qué me dominó. Fue un sentimiento que nunca había registrado. La amistad con Miguel se fue enredando. Una cosa llevó a la otra y no me detuve. Temí sufrir, no ser la que debiera.

Amar no era mirarse en un espejo. Tomó tiempo reconocerlo pero se dio con tanta naturalidad que no lo frené. Eso me ayudó a ver las cosas con claridad, tal y como sentía. Él lo supo desde el principio. Era yo la que me negaba a su cercanía.

Miguel nunca tuvo problemas en que las cosas tomaran su curso. Él se volcó, sobrepasándome en todos los aspectos. No lo detuve porque Miguel era

Miguel y nunca había conocido a nadie como él. Para qué detener lo que se da suave. Por eso fui capaz de enfrentarlo pero mi poca franqueza fue lo que empeoró todo. Siempre he sido irresponsable; es que no he tenido muchas cosas dependiendo de mis manos. Me refiero a cosas importantes.

Pasé por periodos en que lo intenté: hice serios esfuerzos tratando de renacer. Por ejemplo, me cambié el nombre para empezar de cero. Pero no fue suficiente, porque no pude partir de nuevo. Tenía historia y no fui capaz de desconocer mi origen, eso me haría perderme para siempre. Bien o mal fue como fue, tal cual y lo acepto, porque no se puede negar el pasado. Trasladarme del sur a la capital cargando una mochila fue, precisamente, lo que me ayudó a seguir terminando las relaciones antes que terminaran conmigo.

Miguel, a pesar mío, siempre me tuvo confianza ciega. Como yo no me tenía fe, la inestabilidad rebrotó. Entonces, comenzó a rondar otra alternativa: la idea de terminar nuestra relación. Ni el día ni el lugar sería algo premeditado.

Con incertidumbre y sin parámetros, comencé a sentir la muerte en el cuerpo y la soledad ya nunca más me abandonó.

30

Tanteo la pared hasta dar con el interruptor. La bodega es estrecha, hay mucha mercadería para tan poco espacio. Cada vez que Bascuñán mueve una caja, levanta tierra suelta. Pese a eso, los domingos prefiero etiquetar; allá arriba hay que transitar por pasillos completamente saturados.

El *container* es uno de los más grandes que hemos recibido. Corto cintas de embalajes. Bascuñán prende la radio, destapa una bebida, ofrece papas fritas; se levanta y abre una pequeña ventana que da al estacionamiento, enciende un cigarrillo y me llama.

Veo: neumáticos - zapatos - tacos - tacos chuecos.

Reímos. Me gusta reír del resto. De niña se reían de mis piernas arqueadas y de las plantillas que usaba para corregir. Al cabo de unos años mis pies siguieron chuecos. Continuaron en el mismo lugar, en el original.

Tía Oriana discutió tanto con el médico sobre usar o no plantillas, porque según ella las plantillas no los enderezarían.

Bascuñán continúa riendo. La profesora del liceo nos decía: *el que ríe al último, ríe mejor.* Ahora, no estoy tan segura de que a todos les toque reír alguna vez, porque hay personas que ríen siempre y hay otras que nunca encuentran una razón para reír. Yo me río de los colorines, porque el colorín del curso siempre me imitaba al andar, se balanceaba forzando sus piernas para que se vieran arqueadas. También me insultaba por ser flaca como una estampilla.

Bascuñán se ríe con la boca completamente abierta. Incluso logro ver muelas, tapaduras, la lengua blanca y la campana batiéndose al final del paladar.

Sus carcajadas ya no me hacen reír. Estiro pantalones, los etiqueto, les coloco sensores antihurto en la bastilla.

-Oye, Helena, ven, mira. Ahora sí que sí. Esto sí que vale la pena.

Continúo colocando sensores antihurto. No pienso acercarme a la ventana porque no creo que haya muchas cosas que realmente valgan la pena.

Bascuñán apaga su cigarrillo, ofrece bebida y pregunta:

-Oye, ¿cómo sigue Miguel?, ¿todavía hospitalizado?

-Sí, todavía.

-Es jodido el cáncer, ¿verdad?. Dicen que agarra y no suelta. Oye díctame el código de barras de lo que estás etiquetando.

Leo: siete, uno, cuatro, seis, cero, uno, nueve, cinco, ocho. En el liceo siempre tuve problemas para memorizar al pie de la letra. Menos mal que ahora la computadora hace ese trabajo.

No dije exactamente el nombre de la enfermedad o que Miguel estuviese hospitalizado por cáncer al pulmón. En horario de colación cuento la razón de tanto permiso y licencia. La gravedad sin especificar. Algunas veces, es mejor no decir las cosas tal y como son. Es mejor disfrazar lo que sucede o lo que se siente en realidad. Las personas tienden a no creer en cómo acontecieron algunos hechos, a veces son tan crudos, que se piensa que es imposible que sea verdad. Es mejor pasarlo por cedazo. No es que me esté escudando detrás de la enfermedad de Miguel, es -simplemente- para que Bascuñán no imagine. Porque imaginar, muchas veces, es peor que estar al tanto de la verdad.

En horario de colación escuchamos el *Chacotero Sentimental*. Un auditor llama al Rumpy, para confidenciar que es un *patas negras* experto en *conferencia de prensa*. Él bromea dándole consejos. Cuando estamos colocando sensores antihurto, alcanzamos a oír el programa completo.

Hoy, una mujer dijo ser portadora. El locutor dejó de bromear cuando la auditora le confesó que estaba embarazada y que su única pareja había sido su marido. Sugirió confiar en la ciencia. Que no desespere.

Bascuñán agrega: *Dios da y quita la vida*, justo en el momento cuando me clavo la punta de la alarma de un sensor antihurto en el índice y comienzo a sangrar salpicando gotas rojas que contrastan con el cuello blanco de una camisa.

31

Bebemos en círculo. La cola de un pito de marihuana avanza en pinzas, en la punta de varias yemas o inserto en una caja de fósforos. Se detiene frente a los labios de cada uno de nosotros para continuar siguiendo los punteros del reloj.

Mariano brinda sobre una caja cerrada con cinta de embalaje. Lo ilumina la luz del pasillo del patio que, sin cortinas, entra sin problemas.

Desde el día que recibí el resultado alterado de su examen de cáncer, hasta este círculo de personas el tiempo se ha congelado. De inmediato me imaginé sola otra vez. Fui egoísta al pensar eso, pero lo primero que se me vino fue que Miguel desaparecería de la faz de la tierra. La noticia de su deterioro, la recibí en un sobre de manos de la enfermera que nunca se atrevió a mirarme directamente y, cuando lo hizo, no vi nada en sus ojos excepto compasión. Su mirada, de alguna manera, me aplastó. Estaba en el pasillo del hospital y enmudecí. Sentí fatiga, pensé que me desmayaría; pero, contra todo pronóstico, me mantuve firme y en pie.

Entre tanto oscureció. No me salió ni una palabra mientras esperaba el Transantiago en el paradero donde alternaba las piernas, balanceándolas.

Subí a la pisadera. Después validé la tarjeta Bip. Durante el viaje presioné el sobre con el resultado que iba dentro de un bolsillo de mi mochila, como si la presión de mis dedos en el papel pudiera cambiarlo. Por las dudas, lo abrí, lo estiré. Lo releí varias veces. Después, lo partí en dos, en cuatro, en veinticuatro pedazos hasta hacerlo añicos.

Apoyo la cabeza en la ventanilla. De reojo veo la marca de un piedrazo en medio del vidrio, con una trizadura que sigue hacia arriba la línea de una curva, dirigiéndose hacia los extremos sin dirección. La distorsión del vidrio me impidió ver con claridad. Sin embargo, divisé peatones caminando con determinación, sin rumbo, con sus expresiones rígidas y ojos fijos.

Con la manga de la chaqueta sequé mis mejillas

y con la vista todavía borrosa, distinguí en el respaldo

del asiento de adelante un *graffiti* de un pene

eyaculando.

32

Debajo de los pastelones encontrarán la China con chinos. Arroz primavera, wantán y pollo chiten. Así hablaba Sandoval. El líder de la pandilla era tan convincente que podía tener detrás de él a un ejército completo.

Sandoval, cruzaba la calle deteniendo a los automóviles en marcha. Sandoval, trepaba los postes de luz. Sandoval, encargado de prender los fuegos artificiales. Sandoval, saltando desde el muelle hasta la cubierta de los lanchones estacionados o consiguiendo dinero para que cruzáramos el Canal de Chacao para el festival costumbrista de Castro.

Uno de los requisitos para entrar a la pandilla era encontrar la China después de despegar los pastelones de la calle Prat.

Sol de febrero parado y sin brisa. El mar ancho, con su horizonte sin límites, debajo de nubes que avanzan lento, arrodillada sobre los pastelones debajo de los cuales encontraría tantos chinos como hormigas.

Una a una, despegué las baldosas que Sandoval había marcado con tiza. Cuando le pregunté por qué estaba oscuro debajo de las baldosas, si China es la ciudad de neón, Sandoval sostuvo que mientras algunos están despiertos, otros continúan durmiendo. Le creí, por eso continué buscando. A pesar de que mis dedos removiendo pastelones quedaron heridos, nunca encontré la China ni chinos ni arroz primavera ni wantán. Fueron las raíces las que levantaron el pavimento.

Por las heridas y el ardor que las magulladuras de los pastelones dejaron en mis rodillas entendí que remover dolía. Que debajo del pavimento solo encontraría más cemento. Por eso prefiero dejar las cosas tal cual están.

Con uniforme escolar nos subimos como polizontes al transbordador Cruz del Sur y cruzamos el Canal de Chacao debajo del cielo cerrado de invierno. El balanceo me hizo vomitar. Eso me sucedía hasta que me acostumbraba y ya, en la cubierta, bastante más repuesta fumaba con la pandilla cantando: *Tempestad, tempestad con viento la lancha se va. Tempestad, tempestad con viento la lancha se va. La lancha está lista el zarpe aquí está, pasajeros todos contentos se van. De pronto un turista se acerca al pasar, pregunta en voz alta ¿Onde va la lancha? A Quehui va.*

Después de lo de Mario, siempre le temí al mar. Me unía al grupo de cimarreros solo para que Sandoval me tomara en cuenta. Porque a él, le bastaba la sombra de un árbol para asustar. Escogía el más alto, el de ramas abiertas para que nos diera pánico la sombra que nos perseguía.

Para ingresar a la pandilla debí realizar un acto arriesgado. Por y para Sandoval, llevé la placa de Tía Oriana envuelta en una servilleta. La misma que cada noche flotaba como un pez chocando contra el vidrio transparente del vaso con agua.

Sandoval, no quedó conforme con la placa. Pese a que Garrido llevó la escopeta cargada de su abuelo. Garrido tampoco ingresó a la pandilla.

Jijena, sí. Jijena robó el cáliz de la iglesia.

De regreso en casa Tía Oriana todavía daba vueltas tratando de encontrar su placa. Tapaba su boca cubriéndola con la mano porque nunca le gustó que la viera sin dientes. Por eso, simplemente, la dejé al lado del velador.

Pese a la placa envuelta en una servilleta o a las costras en las rodillas, Sandoval no me aceptó en la pandilla.

33

Dejé el *mall* usando una polera sin mangas. Oscurecía con viento tibio. En el Transantiago viajé de pie. En el metro un señor me cedió el asiento. En la entrada del hospital un guardia me cerró la puerta en la cara. Supongo que en estos casos ayuda tener conocidos. No provengo de una familia de esas que tienen peso. Qué sé yo, un abuelo médico, una tía enfermera jefe. Mejor ni hablar de mis familiares que no tienen nada de memorables. Según Tía Oriana, mi abuelo estafó a muchos en el sur.

El asunto es que Miguel es cariñoso con la enfermera jefe y las enfermeras tratan distinto a los terminales, más encima si son tiernos.

Esa enfermera me mandó un recado con el guardia, el que después de observarme un rato, a través del vidrio de la puerta, me indicó que ingrese a urgencia.

El *mall* y el tercer piso del hospital se parecen, por el encierro, por los que se pasean de una esquina a otra dando vueltas sobre sí mismos.

Basta poner un pie dentro del *mall* para deprimirme. Eso no es nuevo. Desde niña me he deprimido con facilidad sobre todo después de la lluvia cuando el sol evapora la tierra.

El profesor jefe mandaba una comunicación a Tía Oriana porque en la reunión de apoderados le entregaría, personalmente, la libreta de notas y el informe de fin de año, en los que siempre se lee lo mismo: *su sobrina no se relaciona con el resto.*

Lo cierto es que apenas soportaba los recreos. No sabía cómo iniciar una conversación, me ponía nerviosa, tartamudeaba y así es difícil, porque el hablar discontinuo no es útil para hacer amigos.

Primero, me obligaban a responder *test* que no concluía. El segundo paso era una conversación con el orientador. El tercer paso, actuar en terreno.

De veras intenté relacionarme. En casa ensayaba diariamente mirándome al espejo. Apenas podía seguir las conversaciones de mis compañeros de curso porque eran monotemáticas y hablaban siempre del acontecer. Tema, incluso hoy, tan confuso para mí. También intercambiaban láminas del álbum Mundial de Fútbol del '82 o del álbum Basuritas que coleccioné.

Hoy, comunicarme es más sencillo. Me refiero a que apenas tartamudeo. Tampoco estallo diciendo palabras sin sentido o lo que me incomoda. Miguel me ayudó a soltar palabras para relacionarme.

El encierro del hospital me ha ayudado a tener relaciones todavía más cercanas y a estas alturas ubico a casi todo el pabellón. Incluso me sé el nombre de las enfermeras.

Estar en el hospital ha cambiado a Miguel de forma radical. Espero que pronto lo trasladen. Le haría bien estar con gente alrededor, porque el encierro y la soledad trastornan.

A las ocho de la tarde finaliza el horario de visita y el silencio inunda el pabellón. Los terminales caminan afirmándose de las paredes, empujando su pedestal con oxigeno hacia el altar de San Ezequiel Moreno, protector de los enfermos de cáncer.

Rezan arrodillados. A pesar del dolor, no hay dureza en sus miradas como la de los de la calle.

Lo que más le ha cambiado a Miguel es su mirada. Ese brillo en los ojos que en muy pocas personas he visto. Miradas que desnudan, por eso las esquivo. Si antes sus ojos, me ponían nerviosa, hoy me conectan directamente con el estómago.

Hospitalizado, lo único que altera notoriamente las cosas, es el recambio de algún paciente. Cuando el auxiliar retira las sábanas sucias de las cabeceras para cambiarlas por limpias mientras el recién ingresado espera en un pasillo pasado a orina, sangre y desinfectante.

En el Hospital del Salvador los días parecen iguales. Pasan lentamente, como las mujeres vestidas de blanco con pañuelos en la cabeza, que venden "chilenitos" en la carretera cerca de Curacaví, las que se divisan a través de la ventanilla desde un bus rumbo al sur.

34

Impotente frente al estúpido conteo de los números digitales de mi reloj, me empino en la sección 76 para avanzar hacia a la caja con la máquina registradora, donde recibo el dinero de una clienta que necesita cancelar una cuota.

En el control de salida, Gerónimo me revisa. Timbro la tarjeta. Afuera oscurece en rojo con viento tibio que seca la ciudad. El sol se esconde detrás de los edificios reflejándose en el cristal de los anteojos que uso desde niña. Me escondo detrás del marco o de lo que dicen de mí o de lo que creen que soy y temo.

35

Si no fuera por la televisión estaría perdida. Los programas del cable me permiten pasar el insomnio sin notar que no he dormido. Ese sonsonete recuerda que la única viva en el departamento soy yo y las plantas del balcón que riego día por medio. Las gotas que caen del grifo golpean el lavaplatos con regularidad, igual al suero que gotea con ritmo acompasado antes de ingresar en la piel de Miguel o al reloj de la pared que daba campanadas en casa de Tía Oriana. Su sonido monótono era lo primero que se oía después de entrar a la casa o mientras estaba sentada haciendo las tareas cerca de la cocina a leña.

Miguel detesta el golpeteo de agua en las ollas que ubicábamos debajo de las goteras cuando la lluvia se filtra entre las grietas, que el último terremoto dejó expuestas. Tiendo a recordar a las personas especialmente por lo que detestan. Cada vez que fumo recuerdo a Tía Oriana. A ella, le molestaba verme hacerlo con los codos apoyados en la mesa frente al televisor y a una lata de cerveza, todavía usando uniforme a punto de egresar del cuarto medio.

El agua cae sobre el lavaplatos marcando un ritmo regular al que le sigo el pulso y que voy adelantando: ahí viene una gota y otra y otra más.

Sola, en el departamento, los golpes en el lavaplatos se oyen con eco. La soledad permite soñar despierta. En el liceo de Puerto Montt soñaba a menudo. Cuando me vine a Santiago, dejé de hacerlo. Algo. No sé qué. Quizás el cemento y el *smog* se los llevaron y ahora casi no me quedan, a pesar de que lo intento, no hay caso. No he vuelto a soñar despierta.

Don Germán está pendiente de mis movimientos en el local. Por eso me sorprende cuando intento salir de aquí aunque sea recordando el mar al ir cruzando el canal de Chacao. No pienso en un tema concreto. Juego con mi mente y hago lo mismo que con el control remoto. Una especie de *zapping* mental. Voy de la lluvia del sur, a las escaleras mecánicas, al hospital, a la pastelería de la esquina y a ese bollo con crema pastelera.

Colocando sensores antihurto me es más fácil volar con el pensamiento para escapar de este encierro. Cuando vivía en Puerto Montt quería marcharme hacia la capital para convertirme en una persona que pudiera trascender su historia. Era un bien ingenua en ese entonces, quería ser una revolucionaria. No un Gandhi ni un Luther King. Quería ser Marie Curie pero nunca fui buena para las ciencias. No me interesaba destacar como Jijena. Que andaba haciendo favores por conveniencia o pasando por pruebas para ser aceptado en la pandilla; quería ser capaz de reunir a muchas personas para convencerlos. Ser grande sin ser como Sandoval que por miedo tenía a todos a sus pies. A la salida del liceo los reunía en el rompeolas para que con una varilla sacaran cuentas haciendo surcos en la arena mientras él planeaba robar chocolates en el almacén.

Después de vivir años en la capital, prefiero pasar inadvertida. Disfruto siendo anónima, sin ser parte del *show*.

36

Detesto el cine comercial, la comida *gourmet* y los *best sellers*. Los vinos de cepas que no puedo pronunciar, los restoranes donde hay que hacer reservación y las tiendas de ropa exclusiva. No tengo *tablet* porque aún leo libros en papel, sentada en algún escaño mientras el sol se filtra entre las hojas de los árboles, que el viento hace aletear mientras su sonido deja huella en mis oídos.

Ver la muerte frente a frente me cambió. Más todo lo que vino después de que le declararán el cáncer terminal. Las palabras se mezclaron y la rabia e impotencia se fueron combinando al no poder enfrentar su enfermedad.

Estábamos juntos, intentando apoyarnos. Eso nos fracturó y comenzamos a distanciarnos casi sin darnos cuenta, hasta que un día comprendimos que estábamos en veredas opuestas.

Su tristeza me hizo bajar la guardia y el tono hasta dejarme sin palabras. Dejé de subir la voz, de exigir, de recriminar y comencé a pedirle disculpas. A darle las gracias.

Después del diagnóstico, solo hubo incertidumbre. Como estar caminando sobre arena movediza, sin saber si vas a tener la fuerza necesaria para salir del fango, sumada la tensión que se siente en el estómago por andar a la defensiva mientras las

sirenas de las ambulancias me paralizan cuando pasan

raudas y no frenan frente a los semáforos en rojo.

37

La auxiliar de enfermería abrió sus ojos para ver mejor a Miguel y se echó para atrás. Después me dijo: *Espere, vuelvo enseguida.*

Miguel entró en coma. Se ve delgado, pálido. Con su brazos con hematomas. Convertido en un atado de huesos dentro de una sala común donde apenas se soporta el olor a sangre seca.

Me acerco desde los pies de la cama y apoyo mis labios intentando humedecer los de él. No puedo hacer nada, excepto rozarlos para que sienta que aún estoy a su lado.

No hay nada que pueda hacer ni siquiera estar en su lugar. Ojalá pudiera, cómo quisiera.

Cuando el cáncer se hizo evidente en su cuerpo y en su cara, comencé a quedarme para acompañarlo, aunque Miguel no se enterará, mucho más allá del horario de visita. La auxiliar de enfermería nunca me echó del hospital. Me sonreía mientras rellenaba la ficha que dejaba colgando a los pies de la cama. No quería dejarlo solo, no quería que sintiera mi abandono. En estas condiciones sería incapaz de decir una palabra adecuada. Sé que a veces las palabras no sirven, pero ayudan porque sanan.

Lo que tiene verdadera importancia, en vez de hacerme actuar, me paraliza. Por eso me voy para adentro y disfruto del silencio, que es mi refugio.

La auxiliar continua con sus ojos puestos en la pantalla presionando sus yemas rápidamente, mientras un auxiliar de delantal verde se secretea con ella hasta que ingresa el internista que está haciendo la práctica. Me saluda moviendo su cabeza. Después descuelga la ficha que está a los pies. Firma la última hoja y sale de la habitación despidiéndose, con el mismo gesto de la cabeza. La auxiliar de delantal blanco se vuelve a secretear con el de delantal azul. Mientras acaricio su frente lo veo respirar con dificultad. Es inútil tratar de despertarlo o esperar a que recupere la conciencia.

183

Se supone que por lo de mamá y su temprana partida, tras la huella de papá, debería estar acostumbrada, pero los años -para enfrentar la muerte- aún no me han preparado.

38

Ni tatuajes ni drogadicta. Tampoco hepatitis. Mucho menos diabética. Pareja estable los últimos seis meses. Esos son algunos de los requisitos para ser donante.

El formulario del hospital me descartó en la segunda línea. Personalmente, me encargué de difundir que Miguel necesita dadores entre todos los del departamento del local y en mi edificio.

Paula fue a la radio a pedir dadores. Incluso escribió un artículo en su revista *online* y pegó un cartel en la entrada a un costado del citófono.

Don Germán, en una de sus charlas, me tiró la pelota mágica de papel para que pasara el aviso. En la pizarra de administración anoté su nombre y apellido.

Durante la colación, Sandra y Díaz se comprometieron ir al banco de sangre para donar en su nombre.

Nadie dona nada así como así, mucho menos sangre. Pese a que es gratis, no es sencillo pedirla. Peor aún es querer donar y que no la reciban.

Para pedir sangre he tenido que fingir. La sonrisa en estos casos ayuda. La misma que uso para retirarme a tiempo de situaciones desagradables. No es que ría a carcajadas, nunca he podido reír fuerte, debe ser por eso que siempre desconfié de los payasos.

39

Antes creí que los que se instalaban frente a un micrófono era porque tenían algo muy importante qué decir.

La mesa es rectangular. Delante de cada asiento hay un vaso invertido. Paula organizó una asamblea. Tema a tratar: discriminación. Me comprometí hace más de un mes y Paula se encargó de recordármelo.

Había mucha gente en la entrada. Las promotoras repartiendo bebidas y café formaron un taco.

Se exhibe un tráiler con personas de color y niños desnutridos, con la panza inflada y los ojos desorbitados, con sus labios partidos y moscas volando alrededor.

Pese a que el público se ve distinto a la clientela del *mall*, algunos se burlan haciendo comparaciones. Fue fuerte resistir esas miradas viéndome con ojos de compasión. Eso me intranquilizó. Antes, siempre compadecí a los de la calle. A medida que los testimonios, de izquierda a derecha, avanzan me siento cada vez más nerviosa.

Primero habla un pelado al rape. Trae una polera negra estampada con letras AC-DC. Está recostado en la silla. Golpea el micrófono contra su boca, como si le molestara hablar. Critica sin fundamento, siempre a favor de un grupo de *punks* que lo vitoreaba desde el fondo del salón.

La segunda en hablar es una colorina de pelo corto, de ojos tan claros que a ratos se ven transparentes. Habla, mira, se inclina. Todo en ella es mesura. La expresión de sus gestos, la disposición de su cuerpo al hablar, el movimiento de sus manos intentando acomodar el anillo color ocre que usa en el dedo del medio. Siempre alerta, un poco a la defensiva. Esperando ser insultada por los *punks*, se dirige hacia la otra mitad del salón ignorándolos, como si no existiesen.

Suelto el elástico del cabello y me lo desordeno. Carraspeo después de decir mi nombre y antes de la edad. Hablo en último lugar. Eso me dará suerte, asegura Paula. Por eso de que las últimas serán las primeras.

No me dirijo a ningún grupo específico. Enfoco mis ojos en línea directa hacia el fondo del salón mientras hablo de *chips*, japoneses y curanto. Aprovecho el micrófono para referirme a la enfermedad de Miguel y a los donantes de pulmones.

Al término de la asamblea, Paula vuelve a recordar el banco de sangre. Yo, continúo mirando hacia el frente. Después, pego los ojos al techo y con la vista cuento las líneas de las separaciones de las maderas, a pesar de que el techo está descascarado. Intento averiguar las razones que tuve para aceptar la invitación a la asamblea, pude haber dejado que Paula pasara sola el aviso de la donación.

Hicieron preguntas, más preguntas y respuestas. Después, Paula agradeció nuestra asistencia. Entonces, vino el aplauso final. Las luces se apagan mientras un auxiliar enrolla cables acercándose.

Sobre la mesa rectangular, los vasos ya no estaban invertidos. En el vidrio quedaron marcas de huellas digitales y lápiz labial. El salón está vacío. Excepto al fondo donde Paula todavía conversa.

Le escribía cartas a mamá después de que se fue tras papá. Tía Oriana aseguraba que perdía tiempo enviándolas. En un cajón de la cómoda encontré algunas amarillentas, con los sobres todavía sellados.

Con los años la pasta azul tiende a desaparecer del papel. Algunas palabras incluso se borran para siempre. Recuerdo haberlas escrito con el puño apretado durante tardes de lluvia, truenos y relámpagos oyendo *Que será de ti* de *Roberto Carlos*. Le escribía con dedicación, tratando de dejarlo todo en esa carta. El único lugar que me mostraba tal y cómo era porque ser sentimental me avergüenza. Le escribía con seguridad contándole sobre Sandoval. Las notas del liceo, el robo de la placa, la dificultad para hacer amigos. Lo extraño que fue acostumbrarse a vivir con Tía Oriana y que ella ya no estuviera en casa.

Creía en mis palabras. En lo convincente que eran. Estaba segura que mis cartas la devolverían.

Antes de venir a la capital le rogué a Tía Oriana que me diera su dirección. Fue entonces cuando confesó nunca haberlas enviado. Incluso reconoció haberlas quemado en la cocina a leña mientras cocinaba un salmón.

Gracias a Tía Oriana supe que las palabras no le importan a casi nadie. Ella nunca se enteró del valor que para mí tenían esas cartas. Lo que significaba cada palabra escrita. La importancia que mamá las recibiera.

Escribirle era como estar cerca susurrándole al oído lo que necesitaba decirle y para que supiera que en mí no existe el olvido.

Sentada frente al micrófono de un auditorio vacío, pienso en Miguel desahuciado en la sala de terminales. Eso me desarma. Los hechos suceden sin poder detenerlos como los letreros de publicidad que pasan uno tras otro, a un costado de la carretera.

40

Los "Siete espejos" era el único prostíbulo con camas, cortinas rojas, sábanas de satín y calefacción a leña. Cuatro espejos distribuidos en cada pared y tres pegados al techo.

Los viernes, cuando comenzaba a oscurecer, los hombres del curso iban en grupo a la calle Montt. Recorrían las de tierra estrecha con casas pareadas de techos altos y puertas con la mano de Fátima como aldaba. Las calles eran tan angostas que caminaban en fila india detrás de Sandoval, quién siempre los guiaba.

Avanzaban cruzando frontis de adobe con sus puertas abiertas y corredores interminables, donde la ausencia de luz favorece la oscuridad.

Desde la esquina espiaban a las putas. Levantaban sus vestidos, alrededor del brasero, para mostrar las piernas. Al verlos, corrían hacia ellos tomándose los pechos para asustarlos. Eso más que miedo, les daba asco.

Si reunían suficiente dinero y llevaban a Sandoval a los "Siete espejos", dejarían de ser aspirantes de inmediato y los aceptaría en la pandilla.

Jijena ya estaba aceptado. Los aspirantes que restaban eran Garrido y Suárez. Para ingresar Suárez planeó juntar dinero, no le importaba mucho cómo lo reuniría, por eso robó de la cartera de su madre y aunque fue la primera vez, no sintió culpa porque pertenecer al grupo de Sandoval era lo primero.

Por él también robó del saco de la colecta de las ofrendas cuando fue acólito en la iglesia. El mejor pasillo para recolectar era el del centro. Solo robaba billetes. Era menos riesgoso esconderlos dentro de la manga. Nada de monedas, porque su sonido -al caminar- delata cuando se rozan dentro del bolsillo.

41

El cuerpo de Miguel morirá. Pero él, no. Vivirá para siempre. Estará presente al recordar lo que compartimos. Es un hecho, no hay para qué darle más vueltas. La doctora del pabellón de oncología lo confirmó después de revisar sus exámenes.

Me acerco a la sala de terminales y lo veo a través del ventanal. La enfermera hace una excepción, entonces ingreso y camino hasta su cama, que está al lado de otros que también agonizan.

Eres bello Miguel- le susurro. *Y te ves más bello todavía en esa camilla, con los ojos cerrados, a pesar de estar conectado a un respirador. Mucho más bello incluso que el sol de invierno, cuando tímidamente se asoma por entre las cortinas y alumbra la cordillera de los Andes después de nevar. Cada vez más dentro de mi corazón, a medida que te apagas. Sabes que nunca quise ser de nadie. Pero contigo aprendí y con eso me refiero a amar a alguien que no tenga nada que ver con un lazo consanguíneo. Aunque nunca lo reconocí cuando estabas despierto, ahora al verte tendido, conectado al respirador, quiero que me escuches aunque quizás no me oyes. Yo te amé como nunca amé a nadie.*

El médico comenta sobre los avances de la ciencia, la tecnología de punta. De que quizás es posible controlar la enfermedad con máquinas e inyecciones. Pero Miguel no quería eso. Me lo aseguró antes de caer en coma. Dijo textual: *estoy cansado Helena. Déjame ir. Deja que las cosas tomen su curso natural. No le temo a la muerte. Desde niño supe que vivía a mi lado y que en cualquier momento me llevaría. Igual que en un rodeo, donde las cabezas de ganado esperan que llegue su turno para salir a la media luna.*

Eso me dijo antes de entrar al coma. Recordaba cada una de sus palabras nítidas, mientras regresaba al departamento en el Transantiago, con no más de cinco pasajeros, que de noche acelera más y más y sin piedad sobre las calles de un Santiago sin taco, donde los semáforos parpadean.

Al bajar, encendí un cigarrillo y me quedé en un escaño frente a una plaza recién regada, con juegos sin niños y varios perros merodeando en la basura.

Las argollas de humo blanco que mis labios forman, se elevan y se pierden entremedio de las corrientes de aire, mientras el camión municipal continúa regando el césped y humedeciendo el pavimento.

42

Lo que como me cae como bomba. Ya no almuerzo con Sandra en el patio de comida, porque simplemente no puedo tragar. Negarme a comer es una forma de no aceptar el cáncer de Miguel. Ocupo el horario de colación subiendo y bajando de las escaleras mecánicas, dando vueltas sin rumbo, entrando y saliendo de tiendas. La librería *Mega Bytes* queda en el tercer nivel y es tan concurrida como el *stand* de productos digitales donde liquidan tabletas.

Nunca me llamó la atención viajar. Ir de aquí para allá, de allá para acá. Hacer maleta, desarmar maleta; hacer maleta, desarmar maleta.

No sé por qué la gente anda todo el tiempo hablando de aviones y de lugares extraños con personas a las que no se les entiende lo que dicen, si al final de cuentas da lo mismo el idioma, porque seamos de donde seamos, somos parecidos. Los clientes comentan sobre el agua tibia en las playas de Miami o Cancún. Personalmente, no pagaría para que me lleven a un océano plagado de tiburones para terminar como la joven que practicaba esquí acuático, a la que se la tragó el Tiburón II. Para eso está la tina y es bastante más segura.

No me interesa ir más allá de la cordillera de los Andes. Acá, no está del todo tranquilo, pero no tengo en mis planes polemizar sobre el rumbo que han tomado las cosas. Menos a estas alturas del partido, que estoy en los descuentos.

43

Si entro por el sector sur tengo que cruzar una galería con espejos que van del suelo al techo. Por eso ingreso por el sector oriente donde venden helados de máquina de chocolate y vainilla.

Los espejos siempre me han dado temor. Nunca me miro de frente, con suerte me atrevo de perfil. Cuando recién ingresé a trabajar, aceleraba el paso y con ojos ciegos miraba hacia adelante sin siquiera ver mi reflejo de reojo. Eso duró hasta que descubrí una entrada por el sector oriente.

Una mañana me envalentoné en la mitad de la galería y me detuve para verme de frente, dispuesta a aceptar el reflejo de mis complejos. Un ojo demasiado cerca del otro, piernas delgadas, hombros tensos. Las marcas de la adolescencia dejaron cicatrices en mi rostro, en ese tiempo leía cómics de *Superman* y quería ser reportera como *Luisa Lane* para desenmascarar a *Clark Kent*.

El asunto de la galería sur no eran los espejos, era la distorsión de mi cuerpo y su reflejo. Mis piernas son demasiado delgadas, pero me han desplazado hacia infinidad de rincones que, aunque no sean proporcionadas, les tengo aprecio porque me han ayudado a sobrellevar mis complejos.

Aunque todavía no logro aceptarlos completamente, he aprendido a convivir con ellos.

Quizás, después de todo, nunca lo logre. Me afectan los comentarios de los demás y he dejado de hacer cosas por eso. Pero qué más da. No elegí ni los ojos pegados ni las piernas delgadas. Lo de las cicatrices en mi cara no solo se las debo al paso de la adolescencia por mi piel, sino que a la mantequilla y al fanatismo por el chocolate que me acompaña, hasta el día de hoy, en la cama mientras hago *zapping*; blanco, *bitter* o *black*. Relleno con almendras, con trufa, menta o lo que sea. Con las barras de chocolate intento quitarme lo que perdí cuando me vine de Puerto Montt, cuando mis ojos brillaban con intensidad. No recuerdo en qué momento exacto, pero sí tengo la certeza de que fue ésta ciudad la que los

apagó.

44

-Sí, Miguel, pero no es lo mismo. No es lo mismo un accidente a un cáncer al pulmón.

-¿Cómo que no es lo mismo Helena? Las dos reordenan las prioridades. O sea, me refiero a que hay situaciones que parecen importantes pero después dejan de serlo. Qué sé yo, pierden significado. Basta que rebrote, hagas metástasis y se acabó.

-Sí, Miguel. Pero no es lo mismo saber que en algún momento puede rebrotar el cáncer, a que cruces la calle y un vehículo se te venga encima.

-Creo que es mejor así. Sí, es mejor así. Al menos lo mío fue con aviso.

Hace años le sugirieron dejar el cigarrillo. Lo del cáncer no fue de un segundo a otro, pero no quiso tomar en cuenta las sugerencias. En todo caso, no es gracioso morir anciano. Le gusta la idea de morir joven. Los ancianos la pasan mal: se enferman con frecuencia, no los contratan para trabajar, no tienen dinero para sus medicamentos, nadie los oye; son un estorbo.

-Quizás es cierto. Quizás es mejor morir joven. La historia se repite irremediablemente y no hay quién la pueda modificar. Quizás por eso, por más que lo intenté, nunca dejé de fumar.

-Además, algunos completan su ciclo antes.

-Sí, eso es cierto, Helena. Pero no creo que éste sea mi caso.

-¿Y quién dice que no?

45

Las personas pasaron una tras otras. No lo planifiqué, simplemente sucedió. No quise volver a comprometerme y de un día para otro, no me involucré más.

Desde el principio Miguel me habló bajito y su calor me hizo sentir cómoda porque no me forzó a demostrar. En ese sentido, las personas aparentan y siempre están presionando.

Su sudor quedaba impregnado en las sábanas. A Miguel nunca le importó que mi cabeza estuviera plagada de tonteras o que mi pensamiento se fuera.

Estábamos juntos, en blanco, sin decirnos nada. Deambulando por el departamento como dos zombies que se escaparon de *La noche de los muertos vivientes*.

El cáncer de Miguel me desintegró y no discriminé a las personas con las que me relacionaba. Igual a las puertas automáticas del supermercado que se abren sin seleccionar.

Tomar copas con desconocidos lentamente me deterioró. Fingía estar, mientras demasiadas imágenes concretas se reiteraban. Eran imágenes inconclusas, trozos de mi vida que no podía armar, un rompecabezas que no contemplaba el cuadro completo, ni el manual de instrucciones. Más la mala disposición y mi poca resignación al saber que nunca más volvería a verlo.

Lo cierto es que hasta Miguel nunca antes me había involucrado del todo. Mi cabeza y mi cuerpo actuaban por separado y no había forma de hacerlas ligar.

46

Tendida la distancia es mayor del suelo al cielo. Las ramas buscan hacia arriba, el viento arrastra las nubes. En el local don Germán es el que nos arrastra. Me sorprende el maltrato que algunas personas les dan a otros, la forma de hablar, el tono de desprecio.

Las nubes forman imágenes. El viento desordena pero no separa. Cuando amanece despejado, sin *smog*, es fácil detectar animales mirando hacia arriba. En el sur, el tamaño de las nubes avanzando agrupadas a ras de mar, ayudaba a imaginar toninas.

Las nubes de Santiago se mueven desparramadas y con ellas imagino perros *poddle*. Un puñado de algodón, ovejas recién paridas. Es casi lo único a lo que las nubes se parecen. Años atrás tuvimos una clienta que venía a comprar con su mota de lana blanca en los brazos. Pasaba por el local después de la peluquería, lo vestía con un chaleco de lana rojo. Bastaba un lazo azul alrededor de su cuello para que su *poodle* pareciera un símbolo patrio.

Colocábamos sensores antihurto en bodega. Como de costumbre, Bascuñán había encendido la radio y abierto la ventana que da al estacionamiento. Fumaba mirando zapatos, neumáticos, carros de supermercados, guardias montados en bicicletas pedaleando entre pilares de cemento. Frente a la ventana, nuestra clienta del *poddle* se bajó del auto y dejó a su perro a un costado de la rueda para guardar las llaves. Lo traía con el chaleco rojo, mejor vestido que algunos niños que, de noche, incluso a estas alturas, todavía venden rosas en los semáforos.

En el estacionamiento también merodeaba un perro flaco, callejero con tiña en el lomo, que lo agarró del pescuezo y se lo echó al hocico como si estuviera comiendo un algodón dulce.

Bascuñán lanzó la colilla cerca del *poddle* desnucado y se volteó para seguir etiquetando. Yo me quedé observando cómo la sangre se deslizaba por el cemento hasta formar un charco.

47

Miguel se quedaba en el Parque Forestal hasta que oscurecía, le pedía deseos a las estrellas que en Santiago, cuando se ven, no son más que destellos. Yo, en cambio, nunca pedí deseos. Cada vez que apagué una torta de cumpleaños, Tía Oriana sugería pedir tres deseos por ella, pero que jamás se cumplieron.

Tampoco soy aficionada a mirar estrellas. No suelo soñar con lo inalcanzable. Me quedo con mi afán de coleccionar cajetillas de cigarrillos importados de cualquier rincón del planeta. De niña, las pegaba con alfileres sobre planchas de aislapol. La idea se me vino en el museo al observar los insectarios.

Aún colecciono cajetillas pero ahora escaneo el diseño y a veces las publico en *Facebook* o las guardo en la carpeta: *cajetillas all over the world.*

Desde que llegué a Santiago nunca más celebré un cumpleaños, paso por alto la fecha. También la navidad, porque me deprime y ando como el demonio. Aunque debo reconocer que nunca olvidaré las navidades que pasé con Miguel. Pavo al horno, relleno con ciruelas, cocinado a fuego lento.

Año nuevo es distinto. No sé. Deben ser los fuegos artificiales que a Tía Oriana le gustaba tanto verlos sentada frente al televisor en la transmisión

desde Valparaíso.

48

Glinda, la bruja buena. La bruja del sur le dijo a Dorothy que bastaba darle tres golpes a los tacones de sus zapatos rojos para regresar a casa. Se lo dijo, cuando Dorothy venía de Oz, con el hombre de Hojalata, el Espantapájaros y el León. Después de haber descubierto al enano impostor.

Toto, ladró esquivando los hoyos de los pastelones amarillos del camino que, sin atajos, los conducía directo al arco iris. Dorothy necesitaba regresar a Kansas, cantando: *somewhere over the rainbow* con Tía Ema y Tío Henry.

Oz, el país esmeralda era de color verde. Nieve verde. Caballos verdes. Nubes verdes. De un verde parejo. Tan parejo como el cielo de Santiago en invierno, que parece mandado a pintar gris.

Dorothy, nunca perdió las esperanzas de regresar a casa. Por eso lo logró, porque persistió, continuó bailando por el camino amarillo.

Hay clientes de idea fija, que siguen adelante aunque los quiera persuadir. No vitrinean. Compran lo que realmente necesitan. Sacan la prenda a la pasada sin importar el estampado, la marca, el precio o el color.

El cuento de Dorothy era regresar a casa. Igual que para mí. Pero, cansa andar a tientas con incertidumbre y si agrego que las brujas del norte, del

sur, del este, del oeste. Oz y el arco iris, no fueron

nada más que una pesadilla.

49

Cada sábado por la tarde, Tía Oriana se instalaba frente al televisor. Desde que recuerdo, envió cartas para participar en los concursos de Sábados Gigantes: etiquetas de café, aletas de pasta de dientes aplastadas, tripas de papel higiénico, logos de detergente.

A pesar de los esfuerzos, Tía Oriana nunca clasificó en ni uno. Por eso desconfío de los concursos, porque me desmoralizan.

Durante la tanda comercial, Tía Oriana esperaba a Don Francisco tarareando sus canciones. Su sección favorita era la Cámara Viajera. No se levantaba del sillón y me pegaba un grito para que la viera con ella.

Reía con Don Francisco. También lloraba. Concursaba con él a través de la pantalla. Para Tía Oriana Don Francisco merecía un premio importante, algo como el Nobel por La Teletón.

Más que la Cámara Viajera, a mí me gustaba ese concurso donde Don Francisco reparte una pistola y levanta la suya después de preguntar al concursante: *¿dispara usted o disparo yo?*

50

La entrada es estrecha, no más que un ascensor. Detesto los ascensores por el encierro, por la cercanía de los cuerpos que se rozan y los perfumes que se mezclan. Por eso me gusta vagar de noche, sin rumbo, porque las calles están vacías y de vez en cuando me topo con algún perro que camina conmigo hasta que se queda merodeando buscando comida.

Algunos locales de comida rápida abren las 24 horas. Sus puertas nunca se cierran, cambian de turno una y otra vez.

Mis piernas, muchas veces, me llevan donde no quiero. El guardia de la entrada del viejo galpón no fue amigable. Un saco lleno de músculos que del extremo superior emerge una cabeza minúscula.

Dentro de la discoteca la música está tan fuerte que apenas oigo mi respiración. Los ojos pican, la garganta se seca, las luces intermitentes se reflejan sobre muros blancos transpirados. Acepté la invitación de Paula y Mariano porque necesito tomar aire, ya no quiero seguir encerrada en mi departamento; me ahoga mi habitación. A veces paso semanas sin salir después de regresar del *mall*.

Me preparo arroz con huevo. Ese momento, al rebanar la zanahoria para que tiña el agua del arroz mientras el pimentón verde picado flota en la superficie me veo convertida en Rapanui: una isla en medio de la nada. He soñado varias veces con Miguel.

Lo sueño conversando, lo sueño tomando cerveza en el bar de la esquina, lo sueño en nuestra cama, la misma que, una mañana aún tendida, decidí permutar publicando un aviso en *mercadolibre*. La cama de dos plazas por una de plaza y media, para que mis pies moviéndose entre las sábanas no noten que sobra demasiado espacio.

He postergado la conversación con el administrador del local. Debería hablar directamente con don Germán. Hasta ahora solo le he dejado recados con la secretaria. No tengo certificado médico ni siquiera he inventado una excusa para justificar mis reiteradas ausencias.

Despejar mi cabeza ha sido difícil. Mi pepe grillo no me deja tranquila ni un segundo y así es complicado levantarse para ir a trabajar.

Desde que Miguel tiene cáncer, convivo con la muerte y la idea de su desaparición me acompaña a todos lados.

Los cubos de hielo flotan dentro del vaso de la piscola que está bastante aguada para el precio. El tercer vaso me calma, me suelta las palabras y ya no me contengo, digo incoherencias con la lengua traposa.

Al cuarto vaso el sabor a piscola ya no sabe bien, comienzo a ver doble, las náuseas, las puntadas en la boca del estómago.

De niña, giraba con los brazos abiertos y los ojos cerrados jugando a los aviones. Me detenía el mareo cuando quedaba tendida en el suelo. Terminar de rodillas abrazada a la taza del inodoro nunca me agradó. Hoy, esa posición es de rutina.

El médico me prohibió la piscola y los calmantes, pero los necesito para regresar al trabajo.

Sé que dejar de beber no ayuda a prolongar el tiempo, porque nunca se sabe cuándo cortarán el hilo para dejar de ser el títere 770 que soy en este gran teatro del espanto, mal llamado vida.

Beberé hasta la última gota que tenga enfrente mientras la pelota de espejos que cuelga del techo gira proyectando colores en las paredes sudadas, en el rostro, en el cuerpo de los que bailan abrazados al centro de la pista.

Mariano me da un toque de cocaína para subir. Después, desciendo por las escaleras hasta quedar debajo del escenario donde la banda *Primates* toca *No me importa que te hayas ido pero devuélveme mi iPhone.*

La pelota en el centro continúa girando. Hay tanto humo que a ratos apenas distingo mis propias manos. Logro cruzar la pista de baile mientras recibo codazos y empujones. Una *cuba libre* se da vuelta en mi espalda. Con la blusa húmeda regreso al bar, cruzo los brazos sobre la barra y apoyo la cabeza para que se me pase. La música fuerte me acelera aún más los latidos, mientras los parlantes distorsionan las canciones. No logro distinguir diferencias entre un tema y otro. Tampoco los reconozco.

Levanto la cabeza y me encuentro con un hombre. Trae una camiseta blanca tan ajustada que trasluce sus pectorales.

Tengo un oído. Necesito hablar. Tengo un oído que no me conoce y que probablemente nunca más vuelva a ver. Puedo hablar sin censura, mis palabras salen sin freno. A veces pueden ser tan peligrosas como una ametralladora. Las mías dejan al desconocido curado de espanto. Incluso duda de la veracidad del relato. Le ofrezco un trago de mi vaso porque no gastaría en él ni un céntimo. Después, se aleja confundiéndose entre los que se mueven al ritmo de la música.

Recuerdo los pasillos del hospital con nitidez. La sala de los terminales y las voluntarias con delantales de distintos colores, tratando de consolar a los que lloran por los que han partido. Reparten santitos con la imagen de la virgen de Lourdes con una oración al reverso, para pedir por la salud de los enfermos. Parecido al que reparten los vendedores ambulantes a cambio de una pequeña cooperación.

51

Apenas me acerqué se quedaron en silencio, de esos silencios incómodos que significan que una estorba. Sandoval nos reunió cerca del carro que vendía cabritas y churros, en la esquina de Prat y Riquelme.

Lo acompañamos al muelle y mientras orinaba dándonos la espalda nos invitó al prostíbulo de la calle Montt.

De los "Siete espejos" contaban muchas historias. El tamaño de las lámparas, el color de las cortinas, el grosor de las alfombras y las vírgenes de 12 años.

Jijena aceptó. Jijena no se negaría. Siempre necesitó demostrar que él era el más adelantado en cosas de hombres.

Caminamos por la calle de tierra estrecha, a través de las casas de adobe, de corredores oscuros que no filtran luz.

De la esquina divisamos a las prostitutas con los vestidos arriba, calentándose los muslos alrededor del brasero.

En fila india avanzamos detrás de Sandoval, quién saludó a las prostitutas con cancha como si las conociera desde siempre.

En la entrada de los "Siete espejos" Jijena entregó sus ahorros. Fue entonces cuando Sandoval se los devolvió y le propuso que, para ingresar a la pandilla, debía iniciarse con una prostituta.

El estómago revuelto subió hasta mi boca al observar cuando una prostituta, apoyada en la puerta, se tomó un pecho y movió el dedo índice para que Jijena se acercara.

Con el dinero en el bolsillo avanzó sin voltear, a pesar de que desde entonces mira hacia atrás con frecuencia. A sus espaldas oía la risa de Sandoval mientras sus piernas temblaban. El corredor, a media luz, estaba lleno de prostitutas fumando apoyadas en las paredes. Música, humo, olor a semen y humedad. Paredes con hoyos en el cholguán tan delgado que traspasan gemidos. Lo llevó, de la mano, hasta la habitación con una cortina floreada que hacía las veces de puerta. Una vela encendida, dentro de un tarro de leche Nestlé oxidado, iluminaba moviéndose al ritmo de una pequeña corriente de aire.

La habitación ni siquiera tenía ventana. Tendida desnuda sobre el colchón sin sábanas de satín ni cubrecamas ni cortinas gruesas, su cuerpo carecía de frescura. Jijena no tuvo miedo. Sí, vergüenza. La idea que lo viera desnudo no le agradó. Ni siquiera él se mira debajo de la ducha.

Sintió asco cuando le ordenó que se desvistiera pero no pudo desnudarse frente a ella. Se devolvió sin mirar atrás hasta encontrar la salida, al final del corredor.

52

Estoy cerrada al diálogo. Espero me entiendan sin necesidad de entrar en detalles. Existen muchas formas para decir las cosas: que las diga de otra manera, no significa que no las diga. A veces, las expreso quedándome en silencio, sin decir nada, aunque eso incomode.

Los viernes, Miguel regresaba del trabajo con planes. Muchas veces estaba durmiendo con las persianas abajo y las luces apagadas.

Ahora no planifico. Prefiero vivir el momento a proyectos de largo aliento, porque me desilusionan o porque quizás soy incapaz de cumplir expectativas

que son inalcanzables.

53

Brazos grandes, dedos cortos, palmas abultadas. Sin darse cuenta, Tía Oriana se colocaba aros de distinta forma, tamaño y color.

A la primera postura, sus juanetes deformaban sus zapatos. Los tubos tratando de ondular pelusas pasaban horas sobre su cabeza. El lápiz labial le dejaba grumos en sus labios.

De niña me empinaba para alcanzarla y quedar colgando de su cuello. Cuando su columna comenzó a deformarse, aprendí a flectar las rodillas y a curvar mi cuerpo para abrazarla.

Tía Oriana amasaba el mejor pan de la zona. Extendía la mantequilla sobre el amasado recién sacado del horno de barro.

Solía acompañarla a los actos que se realizaban mar adentro. Desde el lanchón, divisaba las hojas de nalcas sumergiéndose dentro del agua como matorrales. Con solo ver las nalcas sabía el sabor que tendría en mi boca. La sal y el jugo ácido un poco amargo, calmaban mi sed.

Lanzando piedras saludaba a los lanchones que iban dejando estelas al pasar. El horizonte me mostraba a las personas sobre cubierta convertidas en una silueta, deslizándose lentamente sobre el agua, hasta parecer un punto que el océano traga.

54

Al principio sueño con campos abiertos, arbustos, plantaciones de extenso amarillo. Más tarde vienen las pesadillas: enormes ventanales cubiertos por rejas oxidadas. Celdas, ascensores, espejos rotos, techos bajos.

Las paredes se desplazan, reduciendo el espacio y el oxígeno al mínimo. Jaulas sin luz con radier suelto. Una caverna oscura al fondo del mar.

Si me acostumbro a etiquetar en bodega, a las luces artificiales, al aire acondicionado, a las hamburguesas con pepinillos, papas fritas y kétchup. A recibir la bandeja junto al vuelto, a que durante la jornada laboral la luz no decline; en ese momento se acaban mis pesadillas y comienzan los paseos en el local. A la sección 26, a la 45, a la 57. Memorizo cada maniquí, esquivo coches, exhibidores y promotores que lanzan perfumes.

Camino recorriendo círculos. También dibujo cuadrados, diagonales, doy vueltas sobre mí misma. Entonces, me siento presa y comprendo el valor de la libertad.

55

Tratar de definirme en un mundo de números no ha sido sencillo. Apenas llegué al local soy la 770. A pesar de que, durante el mes, voy rotando de sección y no tengo punto fijo, a los cambios no me he acostumbrado.

Ser la 770 me ayudó a continuar con los problemas de identidad que acarreo desde el liceo.

¿Quién soy? Aún no lo sé. Helena retraída. Helena no sale a recreo. Helena no tiene compañero de banco, se sienta al fondo de la sala de clases: *Su pupila presenta serios problemas de concentración, es notoriamente más lenta que la media del curso y debe mejorar hábitos de estudio.* Esas eran las palabras textuales que Tía Oriana recibía, cada año, de labios del profesor jefe.

Tía Oriana siempre dejaba la libreta de notas con puros rojos sobre la mesa del comedor, para comenzar a teñir lana en medio del patio, con la radio sintonizada en un programa de tangos por onda corta. La emisora de la Patagonia argentina llamada *Zorzal criollo.*

Separaba las hebras y tendía la lana en los cordeles que cruzan de lado a lado el patio de atrás. Con el mate en la mano para estar siempre rellenándolo con agua caliente a punto de hervir y para que la bombilla no quemara sus labios.

Desde noviembre esperaba el breve verano y el sol de febrero para aprovisionar lana en la cómoda de su habitación, el baño o en cualquier rincón de la casa.

Acumulaba las vacaciones para tomarlas durante el mes de febrero. Jamás se le ocurrió salir de Puerto Montt, se quedaba trabajando con lana. Excepto para las fiestas religiosas que se realizaban mar adentro, hacia las islas pequeñas más allá de la isla grande de Chiloé, a las que muchas veces la acompañé.

La veía tender lana con diferentes tonalidades debajo de los rayos del sol. Cada partida de teñidos era distinta, y no se movía del patio hasta que el locutor de la radio daba por finalizado el programa el *Zorzal criollo* con *Mi Buenos Aires querido*.

Entonces, subía las escaleras a registrar su ropero y cambiaba mis jeans por vestidos, que me dejaban los tobillos delgados a la vista.

Buscaba entre sus collares y escogía aros de plástico y a presión. Me delineaba los labios con *rouge* y maquillaba mis párpados con sombras de colores tono pastel en degradé. Entonces, actuaba frente al espejo y cantaba cambiando el tono de voz.

En ese tiempo todavía no era capaz de pararme frente a un espejo. Algunas veces hasta me subía a los tacos para arrastrarlos caminando en círculos por toda la habitación. El sonido era similar, casi tan desagradable como el pedestal del suero que Miguel empuja en el hospital.

En silencio, Tía Oriana me espiaba por la puerta entreabierta. Observaba su reflejo en la ventana. No era común verla sonreír. Por eso continuaba actuando porque a la hora de comida volvía a fruncir su ceño.

"770", sale una voz del parlante de la sección 56. Tomo la escalera mecánica que me deja en administración. Hay música de los televisores instalados uno a continuación de otro, a modo de pantalla gigante.

En el segundo nivel, me topé con Sandra. Me recordó que almorzaríamos juntas en el turno de las tres y media. De paso, me informó que Carla también almorzaría con nosotras porque ahora eran íntimas y se arrepentía de haberla chaqueteado.

Antes de subir por la otra escalera, me crucé con Retamal. Me quedé un rato haciendo tiempo. Lo acompañé a la bodega a ver la ropa que había guardado de la última liquidación.

Revisé pantalones y camisas. Retamal se probó unas chaquetas. Después, acepté una cápsula que andaba trayendo. Esas que vienen en dos colores. Retamal regresó a la sección 34 y yo aproveché de fumar escondida en el estacionamiento. Me mojé la nuca antes de tomar la escalera que me deja frente a la administración.

Don Germán ofrece asiento. En la muralla proyecta gráficos. Hace una pelota mágica y me felicita por el incremento en las ventas. Me nombra su mano derecha y obtengo una gratificación por haber alcanzado la meta del mes.

Bajo por las escaleras mecánicas presionando la pelota de papel con la mano izquierda, lanzándola hacia arriba.

Antes del cambio de escalera, necesariamente tengo que dar una vuelta por el segundo nivel. Lanzo la pelota en la espalda de Retamal que atiende a dos mujeres.

Los tambores de la música africana son exactamente igual a los que oí de camino a la oficina de administración.

Antes me gustaba mucho la música. No este tipo de música ni la ambiental que es plana y repetitiva, donde cada tema parece copia del anterior.

Cuando hablo de música me refiero a los rockeros con chaquetas negras, pantalones y botas de cuero con puntas de metal cuadradas, cabello largo y tatuajes. Ahora los rockeros no me gustan tanto. No solo porque ya no eructan frente a las cámaras o por el costo de las entradas a sus conciertos, sino que no me explico cómo pueden cantar siempre la misma canción.

56

El estudio 43 es un galpón saturado de cables, luces y más cables y una escenografía de cartón. Le di fuego a un tramoyista. Fumé rodeada de modelos rubias, con siliconas y poleras cortas que les deja el ombligo al aire.

Las luces de los otros galpones están apagadas. Vine con Mariano y Paula. Los acompañé a un programa donde buscan personas desaparecidas; lo hice solamente por Mariano, porque una vez intenté encontrar a mamá. Fui a varias radios: le dejé recados. Dicté mi número del celular, publiqué anuncios en

Facebook y me filmé intentando crear un viral para *Youtube*.

Pero, más temprano que tarde, dejé de buscarla. El tamaño de una ciudad no es precisamente el problema, porque si ella no quiere ser encontrada nadie la hallará.

Supuse que no quería saber nada de mí. Por eso no seguí forzando la situación. En todo caso, tenía más miedo que vergüenza y si me la encontraba quería que fuese cara a cara.

Paula me invitó a la asamblea con insistencia. Antes era fácil manipularme, ahora no. Ahora no me dejo manipular.

Aún no aparecen dadores para Miguel, aunque en el local varios colegas se comprometieron. Sandra y Díaz dicen haber acudido al banco de sangre, pero al buscar su nombre no aparecen en la lista.

Esperé detrás de la escenografía. Paula se quedó a mi lado, después que un guardia, a tirones, la bajó del escenario.

Las luces del panel se encendieron en cadena. A Mariano le instalaron un transmisor en la parte baja de la espalda y un micrófono en la solapa.

Paula, aprovechó de hablar con un grupo de rostros de teleseries que asistieron de forma voluntaria: los inscribió para un acto de enfermos de cáncer.

Mariano intenta meter su camisa dentro del pantalón y me pregunta: *"ya no sirve hundir la guata, ¿verdad? ¿cierto que igual se nota?"*.

Un tipo con audífonos y papeles en la mano se lo lleva para subirlo al escenario, antes que le conteste su pregunta. Hace señas sin soltar el libreto hacia el público para que aplaudan al animador, mientras desciende por las escaleras dirigiéndose hacia Mariano.

Trompetas, piano y batería, se detuvieron una vez que el animador miró de frente hacia la cámara. Pasó un aviso de detergente, de una A.F.P y presentó un video en el que aparecía Mariano caminando con voz en *off* en el parque Bicentenario.

Acompañé a Paula por los pasillos del galpón. Nos topamos con varios rostros de la televisión que no me conocían, pero que para mí son tan familiares.

Les pidió una foto, su aporte en dinero y que se comprometieran para el acto que está organizando. De pronto me comentó que si hubiese estado planificando una campaña para la educación, muchos más hubieran participado.

Volvimos al estudio 43. Mariano llora frente a las cámaras que lo enfocan en primer plano. No soporto verlo llorar. Instintivamente me dirijo a la portería y antes que el guardia me devuelva el carné de identidad, pienso en Mariano. En la frase que dijo detrás de bambalinas, antes que lo subieran al escenario. Cuando intentaba meter la camisa dentro de su pantalón, para esconder la guata. Pero, por más que quisiese hundir el estómago para disimular, ya es tarde.

57

Sandra maneja las llaves del probador y me las presta antes de subir con Díaz a comer. Ya ni siquiera ocupo el horario de colación subiendo y bajando por las escaleras mecánicas.

Para descansar, escojo el último probador de la corrida: es amplio y silencioso, está alfombrado. Sandra lo usa como bodega para las prendas con falla que el tubo fluorescente no alcanza a iluminar. Dentro del probador hay bastante más espacio que en la sala común donde está Miguel.

Tendida sobre la alfombra miro hacia arriba. Veo las líneas del empapelado que apenas se distinguen, fijo los ojos en el papel mural y trato de contarlas: suman veintisiete, veintiséis o veintiocho. De espalda pierdo la cuenta, dejo que las veintitantas líneas del empapelado se me vengan encima.

Dentro del macetero que bloquea la puerta hay un gomero con hojas brillantes. Acomodo unos plásticos en mi espalda y otros debajo de la nuca. Estoy rodeada de perchas, sensores antihurto y cajas vacías. Los espejos se reflejan uno dentro de otro, igual a las muñecas rusas que liquidan en Casa y Hogar.

Los espejos multiplican las paredes. Hacen creer que el probador es más grande de lo que realmente es.

Por eso los espejos nunca me han gustado, porque distorsionan su reflejo.

Suelto el botón de la falda y desato el lazo de la blusa que ya no es necesario. Pero no siento comodidad. Apareció otro nudo instalado al nivel de mi garganta que es permanente, que no sé si algún día logre desatar.

Desaparecen las nauseas, pero la angustia no. Solo quiero estar inmóvil, tendida, en silencio, con los ojos cerrados. Apenas se levantan las costillas al respirar. Hago un mínimo esfuerzo y dejo de inspirar profundo. No retengo el aire en los pulmones. Respiro corto y superficial porque me ataca el insomnio una vez más.

Noche tras noche me desagrada entrar al sueño, tanto como al frío Océano Pacífico porque el mar sigue siendo un lugar inseguro, sobre todo después de lo de Mario, que me recuerda a papá antes de que se marchara sin pronunciar ni una palabra.

Papá siempre fue impredecible y desconocido como el mar de noche sin luna ni estrellas. Una boca de lobo con el sonido de las olas golpeando las rocas dejando en el aire su humedad.

La pantalla del televisor da luz y no me doy cuenta cómo caigo por cansancio y entro al sueño acompañada. Duermo a pesar del volumen y del brillo de la televisión.

El encierro del probador da seguridad. Es un espacio cerrado donde sé que nadie entra sin golpear. Tan distinto al cielo de Puerto Montt, antes que una tormenta pintara de negro las nubes y las comprimiera hasta que el agua se venía abajo.

Estoy sobrepasada. Trabajo en una jaula como la de los zoológicos donde los animales solo escapando, encuentran la salida.

La puerta del probador sigue bloqueada por el gomero. Sé que desesperarme es inútil. Sé también que la primavera está por llegar, por los colores de las flores que han comenzado a abrir sus botones y extendiendo sus pétalos arrojan su aroma que embriaga a los jubilados, que con sus bastones se sientan en los escaños de las plazas, mientras el sol del atardecer continua humedeciéndoles sus axilas y haciendo aflorar el moquillo sin pausa, que ellos -por debajo de sus anteojos- secan con sus pañuelos de género bordados.

Los clientes sonríen paseando con sus bolsas. Cuando pienso en Miguel, la sonrisa se me apaga. Debajo de mis párpados, el mar es la única imagen concreta.

Los espejos multiplican el gomero al lado derecho del probador, lo multiplican en tres, en cuatro, en seis. Depende del ángulo que adopte.

La planta está dentro de un macetero plástico, es de interior, está seca, doblada, le falta riego. Nadie se preocupó por ella, a nadie le importó.

Los vendedores, durante su *coffe break*, depositan la ceniza de sus cigarrillos en la tierra y con las perchas y sensores antihurto la pasan a llevar infinidad de veces.

Las puertas del probador, del pasillo y de la escalera que conducen a la bodega se van cerrando, como los episodios del *Agente 86,* que era una serie que la señal regional transmitía por canal 7 zona sur.

Tomo el ascensor hasta el cuarto piso. No me gustan los ascensores por la cercanía y el encuentro con extraños rozándome mientras los perfumes se mezclan.

En el pasillo continúa el ajetreo. Los clientes con bolsas hacen fila esperando los probadores. Entran, se desnudan frente al espejo y se miran, dando vueltas se ven de todos los frentes, como si estuvieran viendo una imagen que no es propia. Como en las películas: cuando voy al cine y la máquina de la boletería me designa un asiento que acepto.

En la butaca espero que la luz decline hasta que comienza la proyección de publicidad que pasa sin poderla registrar. La película comienza y yo sigo la trama de los personajes que participan. Pero es difícil seguir la historia porque ni un personaje se parece ni actúa como yo. Durante la proyección, me entero de que no hay nada ni un diálogo que pueda modificar, que es inútil intervenir porque no podré cambiar la historia.

58

Mi madre se quedaría en la cocina. Con la boca cerrada. Dándole vueltas al cucharón en la olla y controlando de reojo.

Un par de veces se voltearía para mirarme directo con sus ojos que todo contienen. No me besaría. Estaría preocupada de sacar los bonos para el hospital. Tampoco despegaría la vista de la mesa del comedor afirmando que nadie puede conmigo, porque me irrito fácilmente.

El sacerdote bendeciría la casa con agua bendita. Una manda por Miguel, más la confesión obligada. Recibir la comunión. Jamás pronunciaría la palabra *cáncer.* No nombraría la enfermedad pero haría una manda. Hablaría sola y hacia adentro, susurrando sin entender por qué Miguel se enfermó.

No es la primera vez que la he limitado. Creo que su limitación, precisamente, he sido yo. Por mamá, haría lo que me pidiera. Especialmente cosas que le permitan recuperar su tranquilidad. Incluso, me confesaría. Solo por mi mamá. Aunque dude que un acto tan mínimo le de conformidad. La fe, no depende de mí, es algo que viene con uno. Como las manchas de nacimiento o las etiquetas adheridas a un producto.

Mi padre diría las cosas por su nombre. Repetiría varias veces hasta dejarlas bien claro. De súbito, cortaría la conversación, sin siquiera tratar de

entenderme diría que Dios sabe porque hace las cosas.

59

"Usted acaba de ingresar al servicio: siempre hay alguien dispuesto a escucharla. Si desea comunicarse por vía directa, presione uno. Si desea hacerlo vía operadora; presione dos. Si desea comunicarse con otro servicio, presione tres. Si desea comunicarse con un ejecutivo, presione cuatro".

-Gracias.

-No corte.

"Estamos transfiriendo su mensaje. En este momento nuestros ejecutivos están ocupados. Por favor, espere en línea".

Si desea hacer otra llamada, por favor, presione uno. Si no, cuelgue."

Independiente al trato que la señora Carmen ha tenido conmigo, tuve que avisarle sobre el estado de Miguel. La enfermera pidió hablar con un familiar directo. Para Miguel, soy su familia. Aún no vuelve del coma, entró en una etapa crítica de metástasis. Solo recibe medicación intravenosa, se agravó y continúa en la UCI.

La proporción de su cuerpo fue, desde el principio, lo que más me gustó de Miguel. Verlo caminar desnudo, después de la ducha, con su cabello goteando, con la toalla atada alrededor de su cintura, abriendo y cerrando cajones. Con gestos suaves y medidos.

Hoy, a pesar de haber perdido su expresión, el relajo en su ceño trasmite paz. La belleza, ausente en su cuerpo, subió hasta su cara.

Desde el tercer piso, el atardecer muestra un horizonte con colores cálidos en degradé que se intercala con edificios de altura. A medida que la luz va disminuyendo delinea el relieve de la cordillera. Los autos que avanzan por la avenida recién encienden sus luces, porque el cielo en colores, aún no pierde la tonalidad que el sol tiñe al atardecer y que desciende por entre los árboles hasta perderse, yendo del grisáceo al plomo. Al naranjo. Al rojo matizado.

El monitor marca su pulso con un sonido agudo. Es suficiente para ponerme tensa. He pasado por largos períodos de presión, incluso hubo ciclos en que me negué. Esos ciclos comenzaron a repetirse con frecuencia y la estabilidad nunca más volvió.

Hoy estoy completamente paralizada. Es por Miguel, pues niego su muerte que inevitablemente vendrá. Solo me levanto para venir a verlo y rodearme de paredes impregnadas con olor a orina y a suministros médicos. Hay quejidos de agonizantes que duermen en emergencia esperando la autorización para el traslado.

Lo acompaño despierta. Vigilándolo, para que no muera en el sueño. Igual que en los períodos de insomnio cuando, con los ojos abiertos, espero que la

noche pase rápidamente y que las pesadillas me

suelten para que, de una vez por todas, amanezca.

60

Venía con trago en el cuerpo. En el departamento de Mariano me repuse. Celebramos el ascenso de Luca en la sala de eventos del edificio. Los Bee Gees cantan *You should be dancing*. Mariano baila solo, se cree Travolta imitando la coreografía en la pista de baile de la disco Odisea 2001.

Para celebrar bebemos vodka. Aunque sea seco y áspero.

Sin soltar el trago me levanto del sofá y apoyo mi espalda en el ángulo que forman dos paredes. Me deslizo lentamente hasta que mis rodillas quedan a la altura de mis ojos. Bebo cada vez que Mariano ofrece.

Acepto, incluso cuando dice: *vamos a ver quién bebe más.*

La cocaína sobre el espejo tienta. Un relieve blanco sobre una superficie extensa. Usa la tarjeta de crédito para dividirla. Tira tres líneas y me ofrece. Sin decir palabra las dejo pasar de largo.

Mariano, está pendiente de brindar conmigo levantando su trago y haciendo sonar los cubos de hielo. Habla en desorden como ametralladora. Dispara ideas cambiándolas con la misma velocidad que alcanzan las pelotas de ping-pong en la final de un campeonato mundial de tenis de mesa.

Recorrimos Santiago de bar en bar dejando en las barras tragos servidos. Regresábamos al auto para partir en busca de otro bar. En cada barra pedía distinto trago. En cada baño, Mariano ofreció jalar.

Aceleraba, pasando en rojo los semáforos. Terminamos en el departamento de un amigo de Mariano que recogimos en una barra. No recuerdo exactamente cuál, en medio de edificios de la misma altura, diseño y color.

Santiago amanece a través de un ventanal: camiones distribuyendo periódicos, buses del Transantiago sin pasajeros, ciclistas con sus cascos y sus tricotas pedaleando hacia el San Cristóbal.

Mientras un camión despide humo negro por el tubo de escape, calculo que estamos en el piso 21. Desde acá, el pavimento me encandila como las luces que enfocan y paralizan a los conejos que cruzan la carretera de noche. Mariano me toma del brazo para llevarme a una habitación. Todavía un poco encandilada por la atracción del pavimento.

Mariano me dice: *¿Por qué no cierras los ojos y te recuestas un rato?*

Estoy mareada, sin poder relajarme. Me duele todo. Pego los ojos al techo y cuento las líneas del empapelado. Noto que hay manchas de una filtración mientras me prometo nunca más volver a beber vodka.

Mariano lee a los pies de la cama. Hojea un periódico antiguo, con un café en grano recién preparado y fumando un cigarrillo. Al cerrar los ojos la angustia es instantánea, el cansancio viene y comienzo a caer dentro de un laberinto oscuro. Doy vueltas intentando salir del encierro, pero las corrientes de aire me golpean contra las paredes.

Cuando despierto, Marino ya se ha ido. La habitación está oscura. Cierro los ojos y veo el túnel completo. Es similar a ese que tantas personas dicen haber visto antes de morir. Pero no veo la luz que supuestamente se ve, esa que brilla en uno de sus extremos, de la que tanto hablan los que aparecen en la televisión.

61

El guardia ni siquiera me pidió el carné. Pude ingresar esquivando la vigilancia y las cadenas que los huelguistas instalaron en la puerta de acceso. Hay pancartas en la entrada, en las escaleras, en cada pabellón. Una pancarta dice: *no más, no más, no más*.

Ni una enfermera por piso. Excepto en la sala de los terminales, donde las voluntarias de ahí no se han movido. Vuelvo a leer: *no más*.

No es que me arrepienta, pero sucedieron cosas complicadas y las complicaciones llevan a límites y los límites no son recomendables, porque hacen correr riesgos innecesarios.

Esto de venir a la capital, de entrar en la rueda del trabajo, ya no me está gustando; pero qué puedo hacer, no me queda otra.

Cuando estuve a tiempo debí presionar a Tía Oriana. Obligarla para conseguir la dirección de mamá. Quizás ni siquiera me hubiese venido del sur si hubiera sabido que nunca la iba a encontrar. Pero, por lo menos, estoy tranquila porque lo intenté, aunque eso haya significado haber corrido riesgos innecesarios.

Necesitaba volver a abrazarla en Navidad. Nunca he dejado de pensar en ella. Pero, ya se sabe que pensar en alguien no basta.

Vivir en Santiago tampoco fue suficiente para localizarla, porque ese encuentro no se dio y quizás nunca hubiera podido enfrentarla.

Sigo abajo, tratando de repuntar. Sigo con licencia médica, sin trabajar, sin ir al *mall*. Miguel agoniza y apenas pude verlo. La última vez que estuve con él, un auxiliar de delantal desabotonado, con su ficha en la mano, me saludó con amabilidad diciendo que ya no había nada más qué hacer, solo rezar. No supo qué más recomendar. Después, comentó sobre el paro de la salud, sobre las bajas salariales, la huelga. Se quejó como si yo tuviese la culpa del presupuesto que le asigna el ministerio. Después, volvió a hablar de Miguel, de su estado, de cómo ha empeorado y, entonces, me permitió ingresar fuera del horario de visita.

Lo vi tendido. Conectado al respirador. Tomé su mano y de pronto sentí la presión de nuestros dedos entrelazados por un par de segundos. *Mejoría de los enfermos*, aseguró el auxiliar cuando le informé.

En una fracción de segundo recordé lo que me hizo prometerle antes que ingresara al coma. Rozo la yema sobre la pantalla y busco en *Youtube* la canción de su vida. Los primeros acordes de *Fragilidad*, se escapan del micro parlante del celular. Dos auxiliares que conversan en la sala de terminales quedan en silencio y se voltean para mirar de dónde viene la voz de *Sting: Mañana ya, la sangre no estará. Al caer la lluvia se la llevará. Acero y piel, combinación tan cruel pero algo en nuestras mentes quedará. Un acto así terminará con una vida y nada más. Nada se logra con violencia ni se logrará. Aquellos que han nacido en un mundo así, no olviden su fragilidad. Lloras tú y lloro yo. Y el cielo también. Y el cielo también. Lloras tú y lloro yo. Qué fragilidad. Qué fragilidad.*

La canción inunda la unidad de cuidados intensivos, mientras el sol de invierno alumbra tímidamente, cruzando una puerta vidriada, reflejándose en una palangana de metal.

62

Recuerdo a Miguel de pie frente al ventanal del tercer piso, mirándome entremedio de los peatones que intentábamos cruzar un paso de cebra desteñido.

En medio de la masa, me volteé para ver hacia arriba. Miguel continuaba viéndome a través del ventanal. Le sonreí, levantando mi brazo, para despedirme con señas.

En el Transantiago, mientras la inercia me balancea, pienso qué pasaría si me avisaran que falleció y que esa fue la última vez que lo vi de pie.

En el departamento, cerraría las cortinas para tenderme sin zapatos sobre la cama para llorar lo necesario, hasta que no quede ni una lágrima. Después, medio mareada, me levantaría a pies pelados y rodeada de silencio destaparía una cerveza recién sacada del refrigerador. Con ella, entre mis manos, regresaría a la habitación y con el control remoto apuntaría directo al decodificador para saltar de canal en canal. Y mientras, en la pantalla, dan las noticias con imágenes de un terremoto y el posible *tsunami* en el norte, el cobro indebido en las farmacias, las marchas de los estudiantes exigiendo fin al lucro, presionaría *mute* para volver a oír *Fragilidad* saliendo del pequeño parlante del celular.

Escogería ese tema como la canción que también retrata mi vida. La escucharía una y otra vez y otra vez, hasta sentir conformidad por haber compartido con Miguel, porque a su lado siempre había algo nuevo bajo el sol. Pocas pueden decir eso. Su paso fue más de lo que esperaba. Ahora, no soy mejor ni peor que antes, soy distinta. Estaba cansada de ser como era. Su muerte me dio vida. No la vida de máquina que vivo a diario en el *mall*: colocando sensores antihurto a las prendas, etiquetando, cobrando, deslizando tarjetas de crédito por las ranuras. Subiendo y bajando por escaleras mecánicas. Marcando tarjetas de entrada y de salida día tras día. Acercando mi Bip al validador que -a veces- marca cruz roja, aunque mi tarjeta tenga saldo.

63

Fue un buen año el 2006. Estaba con Miguel y en el local me eligieron la vendedora del mes. En la pared colgaron mi foto enmarcada. En la fiesta de fin de año, para recibir el premio, tuve que atravesar el salón en medio de aplausos. Algunos colegas, incluso, me pifiaron.

Más cerca del escenario, más enceguecía. Arriba me enteré por qué algunas son capaces de cualquier cosa para que nadie las baje.

Don Germán lanza la pelota mágica. Esta vez, la atrapo en el aire mientras discursea sonrío, jugando con la pelota de papel. Cambiándola de la mano derecha a la izquierda y viceversa. Disimulo. Gracias a la pelota mágica, a la música y a los aplausos, nadie se percata del cambio de mirada.

Después del premio vino el viaje. Me enviaron a supervisar la tienda del *mall* que construyeron en Castro. Fue la primera vez que volé y elegí asiento con ventana.

64

En el local presionan con lo de las ventas, las metas de fin de mes, las de fin de año. Soy incapaz de cumplir a tanta exigencia.

Trato de escribir una carta. Abro un documento nuevo e intento con varias frases. Son tantas ideas que se me vienen que digito palabras sueltas, incoherencias. Debo escribirle algo para leerlo en el campo santo. Algo así como que la vida es redonda. Algo que no me haga llorar.

Desperté frente a la pantalla del televisor de madrugada. Lo supe por el motor del camión que riega las veredas y la avenida del parque que por las noches manda la municipalidad.

Estoy rodeada del silencio de la ciudad antes del amanecer, en esa agradable quietud de caer en el sueño lento cuando los párpados pesan. Medio adormecida pienso en Miguel, quien me aseguró que la muerte se anticipa, porque avisa. Giro el cuerpo, buscando una posición y acerco mis rodillas recogiendo mis piernas. Adopto la posición fetal entonces oigo el celular.

65

Recibo la noticia de madrugada. Llueve. La enfermera jefe me avisa. Contesto media dormida, media despierta. Don Germán me pidió encarecidamente que lo llamara apenas sucediera el deceso.

De manos del auxiliar recibo el certificado de defunción con el timbre del Hospital del Salvador. Después, subo las escaleras que dan a un patio, que se ve a través, de un enorme ventanal con los vidrios empañados. Esquivo a varios pacientes que esperan ser atendidos, en medio del pasillo de urgencia.

La última vez que vine, pase toda la noche acostada en una camilla. Le besé la frente y acaricié sus manos. Estaba en coma, conectado. Había entrado en la fase final, con una aguda deshidratación.

66

Miguel yace en un cajón sellado camino al crematorio como era su voluntad. No deja de llover incluso se oyen truenos. Es el invierno más crudo que recuerde en la capital. Bascuñán, Paula y Sandra me acompañan, son los únicos que caminan al lado del cajón recorriendo las calles del Cementerio General.

Don Germán envió una corona en representación de los vendedores, que está sobre el ataúd mientras Paula limpia sus lentes y se los acomoda antes de decir algunas palabras improvisadas.

Paula habla y habla mientras yo me pierdo en su discurso. Me voy. Pienso que su partida me regresa a mi vida de Loba Estepario como solía nombrarme Miguel. De niña, Tía Oriana trabajaba hasta muy tarde en el mercado de Angelmó. De regreso del liceo siempre estuve sola. Me entretenía contándome cuentos. La televisión regional transmitía algunas horas por la señal del canal 7. La radio en la maleta roja era mi amiga. La música, mi única compañía.

Hace frío. El invierno ya se instaló en la ciudad de Santiago. Suena la alarma del camión municipal retrocediendo depués cargar los tarros de basura. Cerca, a no más de diez cuadras abrieron una pequeña *Trattoria* llamada *Caruso*. Es de un inmigrante italiano que amasa masas caseras. Los jueves populares sirven ravioles rellenos con ricota, la salsa es de libre elección. Esta noche, me daré el gusto de pedir ravioles al pesto y una copa de vino blanco.

Agradezco a:

Carlos Ríos Scott.

Daniela Valencia Campos.

Francisco Miranda Cordero.

Carolina Castro Lara.

Soledad Reyes Gallardo.

Bárbara Cabezas Cabrera.

mis compañeras de las Monjas Inglesas.

mis compañeros del Pedagógico.

los ciclistas del San Cristóbal.

Y a mi familia, por estar siempre.